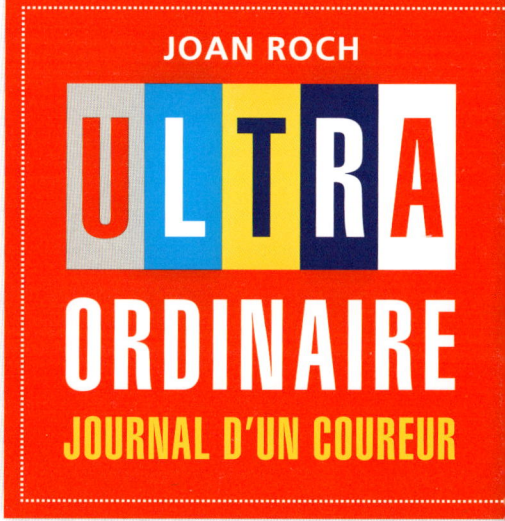

Édition: Pascale Mongeon
Révision: Ginette Choinière
Correction: Odile Dallaserra et Lucie Desaulniers
Design graphique et illustrations: Nicole Lafond
Traitement des images: Johanne Lemay

Données de catalogage disponibles auprès de
Bibliothèque et Archives nationales du Québec

DISTRIBUTEURS EXCLUSIFS:
Pour le Canada et les États-Unis:
MESSAGERIES ADP inc.*
2315, rue de la Province
Longueuil, Québec J4G 1G4
Téléphone: 450-640-1237
Télécopieur: 450-674-6237
Internet: www.messageries-adp.com
* filiale du Groupe Sogides inc.,
  filiale de Québecor Média inc.

Pour la France et les autres pays:
INTERFORUM editis
Immeuble Paryseine, 3, allée de la Seine
94854 Ivry CEDEX
Téléphone: 33 (0) 1 49 59 11 56/91
Télécopieur: 33 (0) 1 49 59 11 33
Service commandes France Métropolitaine
Téléphone: 33 (0) 2 38 32 71 00
Télécopieur: 33 (0) 2 38 32 71 28
Internet: www.interforum.fr
Service commandes Export – DOM-TOM
Télécopieur: 33 (0) 2 38 32 78 86
Internet: www.interforum.fr
Courriel: cdes-export@interforum.fr

Pour la Suisse:
INTERFORUM editis SUISSE
Route André Piller 33A, 1762 Givisiez – Suisse
Téléphone: 41 (0) 26 460 80 60
Télécopieur: 41 (0) 26 460 80 68
Internet: www.interforumsuisse.ch
Courriel: office@interforumsuisse.ch
Distributeur: OLF S.A.
ZI. 3, Corminboeuf
Route André Piller 33A, 1762 Givisiez – Suisse
Commandes:
Téléphone: 41 (0) 26 467 53 33
Télécopieur: 41 (0) 26 467 54 66
Internet: www.olf.ch
Courriel: information@olf.ch

Pour la Belgique et le Luxembourg:
INTERFORUM BENELUX S.A.
Fond Jean-Pâques, 6
B-1348 Louvain-La-Neuve
Téléphone: 32 (0) 10 42 03 20
Télécopieur: 32 (0) 10 41 20 24
Internet: www.interforum.be
Courriel: info@interforum.be

Imprimé au Canada

Gouvernement du Québec – Programme de crédit
d'impôt pour l'édition de livres – Gestion SODEC –
www.sodec.gouv.qc.ca

L'Éditeur bénéficie du soutien de la Société de
développement des entreprises culturelles du Québec
pour son programme d'édition.

03-16

© 2016, Les Éditions de l'Homme,
division du Groupe Sogides inc.,
filiale de Québecor Média inc.
(Montréal, Québec)

 Conseil des Arts du Canada   Canada Council for the Arts

Nous remercions le Conseil des Arts du Canada de l'aide
accordée à notre programme de publication.

Nous reconnaissons l'aide financière du gouvernement
du Canada par l'entremise du Fonds du livre du Canada
pour nos activités d'édition.

Tous droits réservés

Dépôt légal: 2016
Bibliothèque et Archives nationales du Québec
ISBN 978-2-7619-4412-0

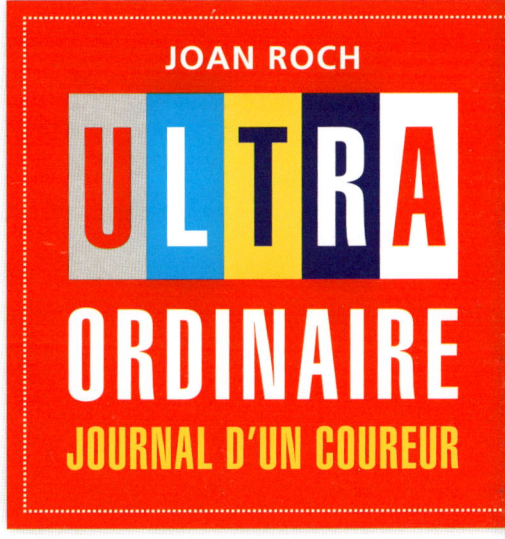

TABLE **DES** MATIÈRES

Áalkab, ou courir, en maya	12
Quand j'étais gamin…	16
La fois où… j'ai couru 2 km!	25
Cœur d'athlète	28
La fois où… j'ai suivi un plan d'entraînement!	35
Homme autonome	38
Insultes et compliments	44
Chaque jour, je change de planète	48
La fois où… on m'a prévenu qu'un kilomètre, c'était long à pied!	53
Hors limites	54
La fois où… j'ai couru mon premier trail et que j'ai détesté ça!	61
ULTIMATE XC – L'ignorance, c'est la force	62
HALIBURTON – Le grand saut	68
BEAR MOUNTAIN – Montagne de l'ours	72
J'adore quand un plan se déroule sans accroc	76
La fois où… j'ai tenté de courir après une soirée bien arrosée!	81
Histoire de chaussures	82
ULTIMATE XC – Une bière à tout prix	86
VIRGIL CREST – Résurrections	94
La fois où… j'ai voulu échanger mes chaussures déchirées!	101
Sans boire ni manger	104
La fois où… j'ai fait peur à un soldat!	109
ULTIMATE XC – Sept mercenaires, un survivant	110
VERMONT 100 – Vermont 100: « *Good job!* »	116
Le jour d'après	126
Récursion « À quoi penses-tu quand tu cours? »	132
La fois où… j'ai couru dans un champ de mines!	135
Démons et merveilles	136
HARRICANA – Le chevalier noir	141
La fois où… je me suis pris pour un bateau!	147
BROMONT ULTRA – Trois siestes et un ultra	152

TRANSMARTINIQUE – Dans le sillage de Widy	160
Les pieds dans les plats	170
MASSANUTTEN – *Joan on the Rocks*	176
La fois où… j'ai pris l'ascenseur en raquettes !	185
LA PETITE TROTTE À JOAN – Un rasta au pays des caribous	188
VERMONT 100 – Serpent à plumes	198
La fois où… j'ai renoncé à un ultra parce que mes parents s'inquiétaient pour ma santé !	207
La mort et les impôts	208
UTMB – *Trail Oddity*	214
QUÉBEC-MONTRÉAL – Chemin du Roy	226
DIAGONALE DES FOUS – Tropiques obliques	236
Numérologie	248
Crédits photographiques	252
Remerciements	255

ÁALKAB, OU COURIR, EN MAYA

Áalkab : courir, une activité universelle, simple, ancestrale, bienfaisante. Courir, comme le faisaient nos ancêtres, c'est le thème de ce livre : la course à pied, sans artifice, avec un minimum de matériel, de contraintes ou de règles. La redécouverte sur le plan personnel de l'activité originelle.

Cet ouvrage n'est donc pas un manuel ni un relevé de mes entraînements, mais plutôt une narration de mes découvertes dans cette expérimentation en mouvement, cette transfiguration du corps et de l'esprit qui s'opère à force de pratique. Il se veut un exercice sans balises qui touche tous les aspects de la course à pied et remet en question tous les préceptes populaires relatifs à cette activité, en particulier ceux qui rendent la course compliquée, calculée, préméditée, matérialiste.

Pourquoi la course à pied dans un monde où mobilité se confond souvent avec vitesse ?

En voiture, on se déplace en prenant soin de suivre les lignes peintes sur l'asphalte et de respecter le Code de la route. À la moindre perturbation dans cet environnement artificiel, on est contraint de s'immobiliser, prisonnier de son véhicule pourtant si moderne. Nous ne sommes que de simples opérateurs d'une automobile, sans visage, déshumanisés.

À vélo, c'est beaucoup mieux. On doit certes respecter un code, mais les règles sont plus flexibles sur deux roues que sur quatre. On peut aussi facilement quitter la route ou contourner les obstacles. De plus, les autres peuvent voir nos visages, sur lesquels se dessinent habituellement des sourires.

La marche, c'est formidable. On peut littéralement se rendre n'importe où en marchant, rien ne nous arrête, sauf notre curiosité envers ce qui se trouve sur notre chemin. Mais c'est lent. Se rendre d'un point à l'autre au rythme de la marche est une activité accessible à tous, à condition d'avoir du temps, beaucoup de temps devant soi.

Quant à la course, c'est comme la marche, mais en version accélérée ! Quand on court, on peut envisager de traverser une ville, de faire le tour d'un lac, d'explorer un parc au complet et non seulement un bout de sentier. Avec de l'expérience, on peut aller d'une ville à une autre, suivre les crêtes d'une chaîne de montagnes, traverser une province, un pays, un continent.

Quand j'ai commencé à courir, je pouvais tout juste faire le tour de chez moi par les rues avoisinantes. Graduellement, j'ai atteint, puis dépassé, les frontières de mon quartier. Par la suite, la ville tout entière m'est devenue accessible.

Pour aller plus loin, il m'a fallu quitter la route et apprendre à courir sur des sentiers, à monter et à descendre des côtes, à éviter des racines et des roches, à accepter de me mouiller et de me salir, de marcher quand c'était trop raide, d'arrêter parfois, pour mieux repartir.

Pouvais-je aller plus loin encore ? Absolument ! À condition d'apprendre à courir la nuit, toute la nuit si nécessaire, et de ne pas me laisser impressionner par la neige, la glace, les orages ou le vent.

Plutôt que de dépendre d'une foule d'accessoires et de gadgets, j'ai aussi appris à avoir chaud, froid, faim et soif, pour me rendre compte que, finalement, on s'inquiète souvent

pour rien : le corps peut s'adapter à presque tout, à condition de lui donner la chance de montrer ce dont il est capable.

Voilà pourquoi je cours. Pour me déplacer sans aucune contrainte et pour explorer des lieux à ma guise. Afin d'élargir mon rayon d'action et le choix de destinations possibles, je me prépare en courant souvent, longtemps, par tous les temps, dans toutes les conditions et avec un minimum de matériel. Pour, au final, ne dépendre que de moi.

Je cours depuis plus de dix ans. Je franchis maintenant plus de 5 000 km chaque année, grâce à des centaines de sorties d'une dizaine de kilomètres chacune, auxquelles s'ajoutent occasionnellement des épreuves chronométrées de 5 à 160 km. Parfois même plus.

Je cherche encore ma limite. Je doute qu'elle existe vraiment.

***

QUAND J'ÉTAIS GAMIN…

Quand j'étais gamin, j'étais impressionné par deux types de personnes : les polyglottes et les coureurs. C'est comme ça. Quelques décennies plus tard, après avoir suivi des cours de latin, de grec, d'allemand, d'anglais, d'arabe et d'espagnol, après avoir posé le pied sur quatre continents et visité plus de trente pays, incluant de longs séjours aux États-Unis, en Angleterre et en Italie, je ne parle que le français et l'anglais.

Quand j'étais gamin, je me suis aussi amusé à épier des garçons de mon quartier, en rampant dans l'herbe pour tenter de comprendre ce qu'ils disaient. Évidemment, je me suis fait repérer. Effrayé par mes propres histoires d'enfant, je me suis relevé et j'ai couru. Vite, très vite.

Pour je ne sais plus quelle raison, j'ai fait une boucle pour revenir espionner ceux que je venais si facilement de semer. Cette fois, bien caché dans mon buisson, je les ai entendus dire : « Dis donc, il a disparu vachement vite, hein ? » Ça, mon pote, c'est l'adrénaline !

Puis, j'ai grandi. J'ai fait du tennis, du hockey, du golf et de l'athlétisme, autant d'essais classés sans suite. J'ai poursuivi mes expérimentations jusqu'à l'université. À défaut de trouver un sport qui me convenait, j'avais au moins déterminé que je détestais le football et la natation, au point de refuser de faire les exercices imposés par le professeur et de faire de l'apnée pendant que les autres nageaient en surface.

À Lyon, mes amis d'université aussi étaient des sportifs. L'un faisait le grand écart entre deux chaises et de l'aïkido. J'ai alors acheté un kimono. L'autre faisait du basketball.

J'ai donc travaillé ma détente verticale. Puis, vint le patin à roulettes, dans sa version urbaine et extrême, et nous avons dévalé les rues de Lyon, la nuit, en sens inverse.

Il y avait aussi cet autre collègue d'université, devenu cycliste après avoir beaucoup couru. Trop ! Mal ? Alors qu'il avait à peine vingt ans, et les genoux abîmés, il a échangé ses chaussures contre un vélo pour satisfaire ses besoins en endorphines. Bien que ce ne fût pas un sport à la mode, j'étais secrètement impressionné par son passé de coureur. J'ai même acheté des chaussures de course et je me suis lancé. Je me souviens d'avoir, à une seule occasion, réussi à faire deux fois le tour du parc de la Tête d'Or… C'était dur.

Je suis ensuite parti un an à Montréal, où j'ai essayé le plongeon acrobatique et le squash. De retour en France et une fois mon diplôme en poche, j'ai dû faire mon service militaire, peu de temps avant son abolition. On m'a fait jouer au football, ma « kryptonite » sportive : je tapais dans le ballon pour m'en débarrasser et, habile comme j'étais, j'ai fait tomber deux fois le même capitaine en le lui envoyant dans le ventre.

Dans l'armée, on devait aussi courir. Une fois par semaine, les soldats sans grade montaient dans un bus et étaient conduits dans la forêt voisine pour courir dans les sentiers. On devait faire un tour au minimum. Certains se cachaient et fumaient en attendant que ça passe. D'autres obéissaient aux ordres en souffrant, puis s'arrêtaient. Deux autres repartaient pour faire une boucle supplémentaire et montaient le raidillon qui menait à la caserne… en sprintant ! Je ne me souviens plus du prénom de l'autre, mais il était plus rapide que moi.

Par la suite, j'ai pris du poids. Rien de catastrophique, mais quand on ne fait rien, on enfle discrètement. Installé à Montréal, j'ai travaillé, assis devant un ordinateur. J'ai aussi joué, rivé à mon clavier pendant des nuits, à affronter des inconnus assis devant leurs écrans aux quatre coins de la planète.

Préoccupé par mon poids, il me fallait refaire du sport, mais je ne savais plus quoi essayer. Un jour, presque par dépit, à l'aube, j'ai enfilé mes vieilles chaussures, celles achetées à l'université six ans plus tôt, et je suis parti courir le long du canal de Lachine. Pas très loin. Puis, un autre matin, un peu plus loin et plusieurs réveils plus tard, assez loin pour franchir la passerelle du marché Atwater et revenir par l'autre rive. La course me permettait soudain d'explorer ma ville.

Incapable de me motiver à courir par obligation, j'ai arrêté la course et repris la lente route vers l'embonpoint. Quand j'ai franchi la trentaine, il me restait ce souvenir d'avoir couru assez loin pour franchir cette passerelle au marché. Je voulais revivre cette étrange satisfaction d'atteindre un but aussi personnel qu'inutile. Plusieurs années à vouloir, sans le faire.

C'est à l'été 2005 que j'ai rassemblé assez de volonté pour m'élancer dans le parc du Mont-Royal. Je me suis vite arrêté, essoufflé et vaincu par « la montagne ». Deux jours plus tard, j'étais de retour et je suis allé 200 m plus loin. Trois jours après, 200 m encore. Mais début septembre, alors que j'étais presque au sommet du mont Royal, j'ai encore laissé tomber, à cause d'un rhume, puis parce qu'il pleuvait ou neigeait... Des excuses, j'en trouvais facilement, mais quelque chose était en train d'émerger.

La course n'en finissait pas de revenir dans ma vie en me laissant chaque fois de bons souvenirs. À trente-deux ans, à force d'anecdotes et d'indices, j'ai fini par comprendre pourquoi elle me convenait : dans la course à pied, il n'y a pas de règlements ni d'arbitre, pas de terrain rectangulaire, pas d'équipes ni d'adversaires, pas d'horaire ni de matériel obligatoire, pas de route ni même de sentier à suivre. Pas de limites non plus.

Quand j'étais gamin, je me suis sans doute promis que, quand je serais grand, je parlerais plein de langues étrangères. Eh bien, mon petit, depuis ce jour de juillet 2006 où tu as mis tes chaussures pour repartir à l'assaut du mont Royal, tu es plutôt devenu un coureur ! *Alea jacta est.*

* * *

LA FOIS OÙ...
j'ai couru 2 km !

C'était lors du tout premier entraînement noté dans mon journal. Super motivé, parti comme une balle, plié en deux après 10 minutes.

CŒUR
D'ATHLÈTE

« **T**u es une machine ! » Pour tout coureur, ce compliment revient tout le temps. C'est sympa, mais les machines ne se retrouvent pas aux urgences avec un soluté dans le bras et un cardiologue sur le dos.

Mais oublions ce cardiologue pour le moment : si j'étais une machine, je n'aurais pas mal au genou depuis trois semaines. Ni au tendon d'Achille depuis quatre mois. Les ampoules de sang, les ongles bleus, les crampes, les entorses, tout ça, ce serait inconnu. Tout comme la (possible) fasciite plantaire que je traîne depuis Noël, le (supposé) syndrome de Morton ou la (probable) fracture du petit orteil.

Possible fasciite ? Supposé syndrome ? Probable fracture ? Oui, je l'avoue, je fais de l'autodiagnostic de la pire espèce. En effet, à part le cardiologue de cette histoire, je n'ai pas vu un médecin pour une douleur liée à la course depuis cet imbécile qui m'a conseillé de « faire du *power yoga* parce que la course à pied, c'est mauvais pour les genoux ».

Comme bien des coureurs, je cours même quand ça fait mal. Je me pose juste quelques questions pour décider si j'endure ou si je consulte :
– Est-ce que la douleur augmente pendant l'effort ?
– Est-ce que la douleur empire d'une course à l'autre ?

Si je réponds non, je cours. Si je réponds oui, je cours pour vérifier le seul critère qui compte vraiment :
– Est-ce que la douleur me force à changer ma forme de course ?

Si la réponse est non, eh bien, je cours !

De toute façon, ce n'est pas toujours mauvais de courir sur une blessure. C'est d'ailleurs dans le but d'une rééducation que j'ai effectué mes premières courses à pied.

À l'université, après une vilaine entorse à la cheville, un médecin m'a conseillé de courir dès que possible. Il affirmait qu'en restant concentré sur la pose du pied et en évitant les sols trop irréguliers, la course m'aiderait à rétablir la musculature, la mobilité et les sensations nerveuses, soit les meilleures armes contre une future entorse. Depuis cette époque, même si j'ai ensuite arrêté de courir pendant des années, je n'ai plus jamais eu d'entorse.

Certaines douleurs, par contre, bien que légères, sont plus inquiétantes que d'autres. Comme cette douleur que j'ai ressentie pendant l'effort, juste entre les côtes, du côté gauche… au niveau du cœur.

Cette douleur m'a inquiété et je suis, imprudemment, allé à vélo consulter un généraliste qui m'a envoyé illico faire un électrocardiogramme aux urgences de l'hôpital voisin. Une fois sur place, j'ai franchi le triage en un clin d'œil. Tout aussi rapidement, une infirmière m'a installé des électrodes sur la poitrine et a relevé le diagramme. Une minute après, j'étais sur une civière avec une transfusion, aux soins d'un urgentologue perplexe.

Les impulsions électriques de mon cœur étaient inhabituelles et indiquaient une possible insuffisance cardiaque. À trente-cinq ans !

On m'a ensuite conduit en fauteuil roulant vers l'unité de cardiologie où j'ai été ausculté toute la journée. Le cardiologue me posait souvent cette question bien trop vague :

« Est-ce que tu t'entraînes beaucoup ? »

Si j'ai déjà couru quelques marathons, j'ai aussi entendu parler de Dean Karnazes ou de Scott Jurek, qui courent 160 km en moins de 24 h. Eux, ils courent beaucoup. De vraies machines. Moi, je ne suis qu'un misérable débutant.

« Non, pas trop. Je cours deux à trois fois par semaine. »

Le médecin n'était pas satisfait de mes réponses et continuait ses tests : épreuve d'effort, échographie cardiaque, tout y est passé.

Finalement, le verdict est tombé : j'ai un cœur d'athlète ! C'est un terme médical, pas un compliment, mais surtout c'est une bonne nouvelle.

Quand on pratique des sports d'endurance plusieurs heures par semaine, le corps se perfectionne. Le cœur n'échappe pas à ce processus et modifie son fonctionnement pour mieux répondre à la demande. Mais voilà, la signature électrique d'un cœur d'athlète présente les mêmes anomalies qu'un cœur malade. Seul un examen complet permet de distinguer l'un de l'autre.

Si je ne souffre pas d'insuffisance cardiaque, quelle était alors cette douleur que j'avais ressentie ce jour-là ? Peut-être une inflammation intercostale. Peu importe : j'ai quitté l'hôpital avec un cœur certifié par un cardiologue.

J'ai surtout confirmé que l'entraînement transforme le corps en profondeur, dans toutes ses fonctions. Parfois ça grince, d'autres fois ça coince.

Mais c'est en naviguant à la frontière entre la douleur et la blessure que l'on progresse, année après année. Pour finalement accomplir des exploits personnels qui semblaient réservés à des athlètes que l'on prenait pour des machines. Comme nous.

* * *

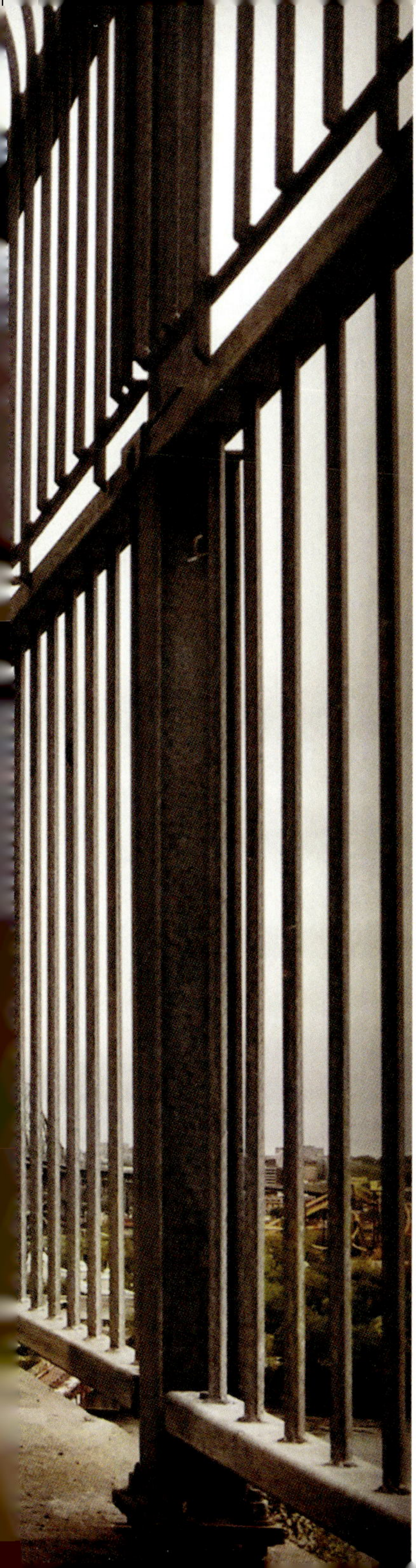

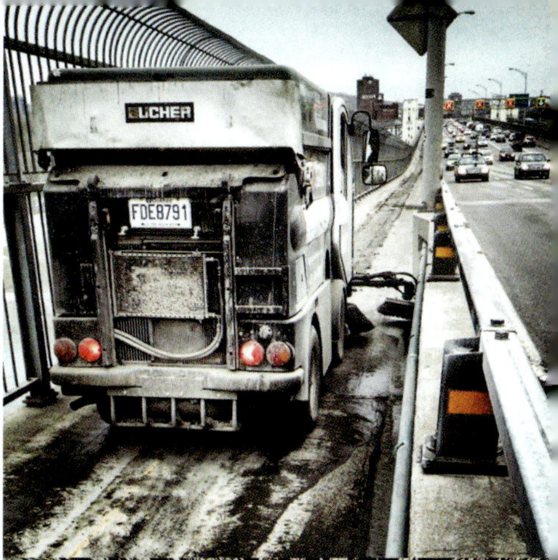

33

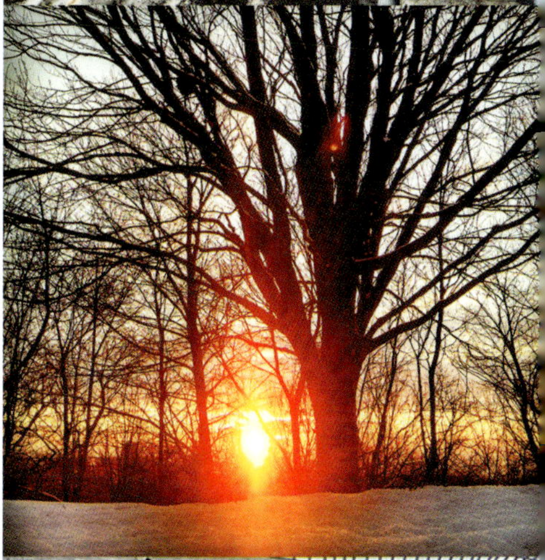

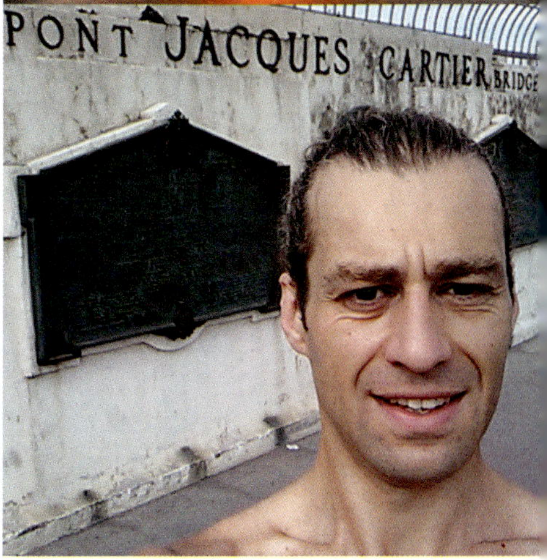

LA FOIS OU...
j'ai suivi un plan d'entraînement!

Pour mon deuxième marathon, je m'étais donné un objectif ambitieux. J'ai alterné longues courses, intervalles et journées de récupération. L'horreur! Non seulement chaque course était devenue une obligation plutôt qu'un loisir, mais chaque sortie manquée faisait dérailler le programme. Au final? Une course pénible, un mur en pleine gueule après 35 km.

HOMME
AUTONOME

Chaque matin, je quitte le Vieux-Longueuil pour traverser le fleuve Saint-Laurent par le pont Jacques-Cartier, puis le parc Jean-Drapeau. Mon trajet me fait passer devant Habitat 67 et s'achève dans le Vieux-Montréal. *Idem* en fin de journée, à rebours.

Habitant à une distance idéale de mon travail, soit à une dizaine de kilomètres, j'ai longtemps réfléchi à la possibilité de la franchir en courant, mais j'étais effrayé par le total que cela représentait pour une semaine : 100 km, soit le double de ma moyenne de l'époque. Impensable ! De plus, mon expérience m'indiquait que je ne devais pas dépasser trois sorties par semaine si je ne voulais pas finir sur les rotules. Alors, courir dix fois en cinq jours était improbable.

Mais voilà, on ne fait pas toujours ce qu'on veut : comme j'avais graduellement laissé tomber les transports en commun pour utiliser le vélo, j'avais pris goût à la gratuité de mes déplacements. La suite des évènements a été dictée par le vol de mon premier vélo d'hiver et la destruction du second. Faute de bicyclette, j'ai dû prendre une décision :

- contribuer au trafic routier (2 × 45 min + 200 $ à 300 $ par mois = aucun plaisir)
- 2 km de marche, cinq stations de métro incluant un changement de ligne, puis 1 km de marche (2 × 45 min + 117 $ par mois = aucun plaisir)
- remplacer mes vélos et reprendre la route (2 × 20 min + achat et entretien des montures = plaisir fortement dépendant de la météo)

- 10 km à la course (2 × 45 min + quelques paires de chaussures = plaisir garanti)

J'ai donc couru.

À ma grande surprise, j'ai bien toléré l'augmentation du kilométrage et les deux courses quotidiennes. Après tout, rien ne me forçait à y aller systématiquement à fond, ma forme du moment dictant le rythme à suivre. Mais, en forme ou fatigué, frais ou courbaturé, je m'étais imposé de courir. Si le démarrage était parfois laborieux, la suite n'était que rarement catastrophique. J'avais plutôt l'impression de mieux récupérer en mouvement qu'en ne faisant rien. Plusieurs mois de ce régime ont finalement rendu normales les semaines de 100 km.

Pour rendre impossible toute monotonie, je pensais qu'il me fallait éviter à tout prix de faire systématiquement le même parcours au même rythme. J'ai essayé de trouver de quoi pimenter le trajet en déviant du chemin le plus direct : emprunter les sentiers du mont Royal, faire un tour du circuit Gilles-Villeneuve, gravir la rue Peel le plus vite possible. Ces détours me prenaient toutefois un temps que je n'avais pas forcément à ma disposition. Mais, ayant oublié dans quel environnement j'évoluais, je m'inquiétais pour rien. Le climat montréalais s'est chargé de me divertir au-delà de mes espérances : - 28 °C, + 35 °C, vent, pluie, tempêtes, orages, neige, verglas, gadoue, vortex polaire.

De quoi rendre perplexes plusieurs de mes collègues : « Tu n'es pas venu en courant, quand même ? », de s'étonner celui qui s'est levé avant l'aube pour finir coincé dans le trafic. « Je n'ai pas le choix, c'est mon moyen de transport », de fanfaronner celui qui avait couru plusieurs kilomètres dans 10 cm de neige fondante.

Sauf qu'à subir la météo du jour plutôt que de choisir les plus belles journées pour m'entraîner, j'ai appris comment m'habiller pour faire face aux éléments. Plus généralement, j'ai pu constater l'impact des différentes conditions climatiques sur mon humeur et ma performance : la pluie, c'est excellent, le vent, un peu moins ; j'ai « profité » de la canicule pour améliorer ma tolérance à la chaleur ; le froid ne me pose aucun problème tant que mes mains sont bien couvertes. Tout ça est bien utile pour se lancer dans une compétition avec confiance quel que soit le temps annoncé.

D'ailleurs, la boue, les flaques d'eau sale, tout ça, c'est plus distrayant que d'être derrière un volant, mais encore faut-il être présentable au travail. Je connais des amis qui doivent se rafraîchir avec des lingettes humides et se changer dans les toilettes. Heureusement, nous avons deux douches dans nos locaux ainsi que de quoi suspendre nos affaires trempées. Ça change tout.

Au début, je transportais mon repas du midi et des vêtements de rechange dans un sac à dos. C'était lourd et peu confortable. Après plusieurs essais pour réduire la taille et le poids du sac, j'ai finalement opté pour un aller-retour par semaine en voiture (en soirée), afin de déposer tout le nécessaire pour les cinq jours suivants. Cela me permet de courir désormais sans rien d'autre que mes clés, un téléphone et quelques cartes.

Cette solution de me rendre au bureau tard le soir pour refaire le plein de vêtements propres tout en récupérant le linge sale de la semaine me paraît évidente aujourd'hui. Pourtant, à l'instar de plusieurs astuces testées, abandonnées ou adoptées pour rendre ma vie de coureur-navetteur plus facile, il m'aura fallu plusieurs mois, donc des centaines de courses, pour y penser et me convaincre de l'essayer. C'est à ce prix que j'ai très graduellement éliminé toutes les raisons qui auraient pu me dissuader de conserver mes seules jambes comme moyen de transport.

J'ai donc persisté. Je n'ai même jamais triché. Je n'avais pourtant de comptes à rendre à personne et je ne m'étais pas non plus fait de promesses. En y repensant, je n'ai jamais regretté d'être allé courir et, finalement, je ne me suis jamais lassé de répéter le même parcours. Au cours des quatre saisons, j'ai pu voir, non, sentir la nature se transformer.

Plutôt que de garder ce spectacle pour moi, j'ai entamé ma deuxième année de ce régime caméra au poing, guettant avec impatience les pires conditions météo. Pour ce projet de court-métrage, rapporter des images spectaculaires était plus important que mon confort. Ainsi, sans m'en rendre compte, j'ai appris à aimer les canicules et les vagues de froid polaire. J'ai bouclé cette nouvelle année complète de transport pédestre avec un butin de plus de sept heures d'enregistrement vidéo. Restait à convertir tout ça en une suite intelligible.

Quelques nuits blanches plus tard, j'ai finalement distillé le tout en un petit film de trois minutes et quelques secondes, dense, percutant, ludique. Fébrile, je l'ai ensuite offert en pâture aux réseaux sociaux. Viral, c'est ce que *Beastie Runs* est devenu. Relayé d'abord par Internet, il a rapidement atteint les médias traditionnels et explosé auprès du grand public.

Tandis que je surfais sur cette vague inattendue pour démystifier et promouvoir cette forme de transport actif, je poursuivais mes allers-retours. Ni mon emploi ni ma maison n'avaient changé, mais j'étais désormais devenu le porte-parole officieux d'une petite révolution voyant la course à pied devenir utilitaire.

Impossible de revenir en arrière.

* * *

INSULTES **ET** COMPLIMENTS

En dix ans de course à pied, j'ai reçu mon lot de cris, insultes, compliments et apostrophes. La plus ancienne dont je me souvienne est aussi la moins originale :

« Cours Forrest, cours ! »

Trois mots. Même pas une insulte.

Minorité transpirante aux habits moulants, préférant courir en rond plutôt que conduire à destination, nous autres, coureurs, attisons les braises de la bêtise à chacune de nos incursions en périphérie du champ visuel d'un nigaud.

Sauf que je n'ai quasiment jamais rien compris aux insultes qu'on m'a lancées. Quand un rustre s'exerce spontanément les cordes vocales à travers la fenêtre à moitié fermée d'un bolide sans prendre le temps de pleinement articuler son émotion, eh bien, le piéton que je suis n'y pige rien.

Sauf une fois.

Moi, gazelle mâle et mal peignée, je cours pour me rendre au travail. Lui, conducteur de *pick-up* au scalp domestiqué, m'aperçoit. L'offense visuelle que je lui inflige avant son café matinal est telle qu'il s'exclame :

« Lave tes cheveux ! »

Trois mots. Une insulte, une vraie. J'ai tout juste le temps de tourner la tête pour apercevoir le primate à la source de l'invective, fier mais en fuite. Je réprime un doigt d'honneur et poursuis sur mon élan.

C'est malin, maintenant, je suis fâché. Le côté positif de la chose, c'est que je cours plus vite après une insulte.

Mais après un compliment aussi, hein! Coïncidences cette journée-là, j'ai reçu deux compliments.

D'abord, c'est le jeune homme qui piétonne dans la même direction, soit le sommet du pont Jacques-Cartier. Ça monte, il en souffre, et moi je cours, l'air triomphant malgré mes cheveux sales:

« T'as l'air en forme en tabarnak! »

(Non, je suis fâché!) Merci, mon gars.

Ensuite, c'est la madame à vélo qui me dépasse lentement et m'annonce:

« Vous êtes très beau! »

(Euh…) Merci, madame.

Bon, l'équilibre de cette journée est rétabli. Et globalement, c'est encore plus vrai. À courir toute l'année, tous les matins et tous les soirs, certains finissent par remarquer ce chevelu qui dédaigne voiture, métro et vélo. Et quand l'occasion se présente, ceux-ci me glissent parfois un petit mot ou engagent carrément une conversation.

Par une journée de sloche mémorable, la brigadière scolaire me « lève son chapeau » tandis que le chauffeur de taxi me crie: « Bravo! Bravo! » La cycliste rentrant chez elle me « voit courir partout! À Montréal et à Longueuil! » L'ouvrier, à qui je réponds que je ne cours pas pour la compétition, s'exclame, impressionné, auprès de ses collègues, qu'« il court *pour le fun!* »

Encore plus agréable, le vendeur de fruits et légumes chez qui je me ravitaille régulièrement se confie. Il a arrêté de fumer et repris la course à pied. Depuis déjà deux mois. Il ne me demande rien, ne pose aucune question, mais il sait qu'il

trouvera une oreille attentive chez un autre coureur. Cette fois, c'est moi qui l'encourage.

Et enfin, ça : je quitte mon emploi pour un autre, un collègue vient me voir. Je pense qu'il va poliment me souhaiter bon vent. Mais non. Il tient à me remercier. Pour mon bon travail de ces quatre dernières années, j'imagine ? Que nenni ! En guise d'adieu, il déclare :

« Merci de m'avoir motivé à reprendre la course à pied. »

Je suis bouche bée. Et flatté.

Inspirer les autres : c'est le plus beau des compliments. Et tant pis si je suis coiffé comme un sauvage.

* * *

CHAQUE JOUR, JE CHANGE DE PLANÈTE

« **J'**ai vu tant de choses que vous, humains, ne pourriez pas croire. »

J'ai vu le pont Jacques-Cartier à moitié avalé par un nuage, puis ressurgir, encombré de banlieusards qui n'ont rien admiré d'autre qu'un pare-chocs immobile leur bloquant le chemin.

J'ai vu le Saint-Laurent se figer sous les assauts de l'hiver, se transformant le temps d'une saison en un vaste terrain de jeu pour pêcheurs et coureurs téméraires.

J'ai vu mon ombre s'étendre à perte de vue à mes pieds, soufflée par le soleil rasant.

J'ai vu un renard courir sur la banquise du Vieux-Port, tache écarlate sur fond blanc immaculé, semblant faire la course avec un brise-glaces et, en toile de fond, les gratte-ciel de Montréal.

Tout comme les « réplicants » dans le film *Blade Runner*, j'ai développé une obsession pour les photos. Dans mon cas, j'immortalise ces instants qui n'existent qu'en me trouvant au bon endroit au bon moment, chance que je provoque en plongeant tête première dans les pires conditions météo offertes par le Québec, jour après jour après jour.

Pourtant, en m'imposant un même trajet, tout aurait dû être « une copie d'une copie d'une copie », tel que l'évoquait le narrateur dans le film *Fight Club*. Mais de la copie, heureusement imparfaite, est né de l'inédit.

Mon trajet de 10 km me fait changer d'univers deux fois par jour. Le plus beau, c'est que je ne sais pas quel monde je vais traverser quand je m'élance dans l'espace. Je vogue

avec une impatience systématiquement renouvelée, guettant la surprise que me réserve mon exploration quotidienne. Plutôt que de regarder mes pieds suivre *ad infinitum* la même trajectoire, mon regard est sans cesse à l'affût d'un point de vue qui m'aurait échappé, d'une lumière qui renouvelle un paysage, d'un ciel sauvage.

De loin, c'est la meilleure décision que j'ai prise de ma vie de coureur.

* * *

50

LA FOIS OÙ...

on m'a prévenu qu'un kilomètre, c'était long à pied !

Je voulais simplement savoir où se trouvait le fort de Chambly, alors que j'arrivais dans cette ville en courant. Le monsieur m'a indiqué la route en ajoutant : « Mais c'est loin à pied ! » J'ai répondu : « Oh, vous savez, j'arrive de Montréal (à 30 km de là)... » Il est resté bouche bée. Je me suis abstenu de lui dire que je poursuivais mon chemin jusqu'à Mont-Saint-Hilaire (20 km plus loin).

HORS
LIMITES

En plus des trophées photographiques que j'en rapporte, l'objectif de mes courses, je l'oublie parfois, est de me maintenir en forme. Assez pour prendre part à ces épreuves que l'on nomme « ultra-marathons ». Les participants à un marathon doivent parcourir une distance de 42,195 km pour mériter leur médaille de participation. Dans le cas des ultra-marathons, on a l'occasion d'explorer tout ce qui se trouve plus loin. Bien plus loin.

Jusqu'où exactement ? Eh bien, techniquement, ça commence là où le marathon s'arrête. La porte d'entrée de cette discipline se situe en général à 50 km, parfois à 80 km. La distance reine, c'est 160 km. Mais en pratique, il n'y a pas de limite supérieure. Et ceux-ci se pratiquent en montagne sur des sentiers techniques, présentant des dénivelés positifs parfois supérieurs à ceux du mont Everest.

« Combien de temps te faut-il pour courir 160 km ? »

Ça, c'est la question qui revient vraiment très, très souvent quand j'explique que je cours des 100-Mile. Et bien souvent, la formulation de la question témoigne d'une perplexité encore plus grande :

« Tu as couru 160 km… en combien de jours ? »

Des jours ? Tu penses vraiment qu'il me faut plusieurs jours pour franchir 160 bornes ? Tu veux m'insulter ? Et, en même temps, t'as pas forcément tort.

Avant de vous donner des chiffres, laissez-moi vous expliquer deux ou trois trucs à propos des organisateurs d'ultra-marathons : ce sont des sadiques, des pervers, des

tortionnaires qui maîtrisent parfaitement l'art de vous faire emprunter les pires sentiers de leur coin de pays au moment de l'année où les conditions météo vont le plus certainement vous pourrir la vie. Et ils vous font payer pour le privilège de courir sur leur parcours… enfin, quand je dis courir, c'est mentir un peu, car courir pour gravir une piste de ski alpin, c'est du sport-fiction. Tout comme descendre un étroit sentier taillé à même une pente plongeant de 1 000 m selon une inclinaison moyenne de 20 %.

Commencez-vous à mesurer la distance qui sépare le cerveau d'un directeur de marathon sur route de celui d'un concepteur d'un 100-Mile ?

Le premier va batailler pour vous offrir un parcours très plat, sur route, limitant les épingles à cheveux susceptibles de vous ralentir, organisant des ravitaillements dignes de la Formule 1 et choisissant le moment de l'année où la température sera juste assez fraîche sans être inconfortable. Vous pouvez alors prédire le temps qui vous sépare de la ligne d'arrivée à la minute près.

Le deuxième, entre deux bières, va tenter de ne pas s'étouffer de rire en pensant à la tête que vous ferez alors qu'en pleine nuit et sous une pluie battante, vous découvrirez le torrent de boue que vous devez remonter, à quatre pattes, avant d'atteindre un ravitaillement installé en haut d'une montagne et tenu par trois bénévoles goguenards et amateurs de bourbon. Vous pouvez alors prédire que la batterie de votre montre flanchera avant la fin de la course.

Alors, combien de temps ?

Patience, patience, j'y arrive.

En deux ans, j'ai terminé sept courses de 160 km. Dans les forêts des États-Unis, dans la boue du Québec, dans les Alpes françaises ou encore dans les cirques volcaniques de la Réunion. Pour prétendre comparer ces parcours, il faudrait prendre en compte le dénivelé positif de chacun (entre 4 300 m et 10 000 m), la température (de 0 °C à 30 °C), les intempéries (de la pluie battante à la canicule), l'état des sentiers (de la route lisse en terre au pierrier chaotique), le nombre de ravitaillements offerts (d'une dizaine à une trentaine), etc. Peine perdue.

Alors, combien de temps ?

Malgré tout, à force d'expérience, j'arrive à évaluer le nombre d'heures qu'il me faudra pour conquérir ces monstres multiformes, selon des fourchettes de temps variant de plusieurs heures. Pour le Vermont, c'est réglé dans la journée. En Virginie, dans la nuit suivante. Au Québec, le lendemain à l'aube. Dans les Alpes, au milieu de la deuxième nuit. À la Réunion, le surlendemain en après-midi.

Alors, combien de temps ?

Mon record : 16 heures et 10 minutes.

Mon autre record : 42 heures et 44 minutes.

Mon objectif : trouver des parcours qui me permettront de défier ces deux bornes tout en donnant le meilleur de moi-même. J'ai une liste…

* * *

LA FOIS OÙ…

j'ai couru mon premier trail et que j'ai détesté ça !

Après avoir fait quelques marathons, j'ai eu envie de courir plus loin. Moi, coureur sur route, je me suis donc retrouvé au départ du 58 km de l'Ultimate XC, une épreuve disputée en pleine forêt. J'ai abandonné après 44 km, frustré par ce parcours où il était impossible de « vraiment courir ». Évidemment, je suis revenu l'année suivante, l'année d'après aussi, etc.

JUIN 2012
L'IGNORANCE,
C'EST LA FORCE

Mon style minimaliste détonne.

L'équipement standard des coureurs ressemble en général à ceci : des chaussures de trail, un cuissard, des chaussettes ou des bas de compression, parfois des guêtres, un t-shirt technique, un système d'hydratation (nom pompeux généralement utilisé pour décrire un sac à dos avec réservoir intégré), probablement rempli d'une boisson « sportive », des réserves de gels « énergétiques », une casquette, des lunettes de soleil, une montre GPS.

Pour ma part, je ne porte que des chaussures, un cuissard et une montre. Difficile de faire moins.

Lorsque j'attends le bus qui doit nous mener au départ, je perçois quelques regards intrigués. Dans le bus, on me fait quelques remarques, teintées de surprise :

« Tu cours léger ! »

Oui, léger, puisque selon mon approche, toute charge utile a le potentiel de devenir un poids mort, une distraction ou une nuisance : frottement, irritation, serrage imparfait des sangles, bruit, poids, réserves épuisées, bris. Traduction pour le corps et l'esprit : gestion des stocks, inconfort, inquiétude, frustration.

En ne transportant rien, je ne me soucie de rien. Enfin, c'est ma théorie.

L'examen pratique va commencer dans quelques minutes. Avec une difficulté supplémentaire : le tracé a été modifié, et la distance aussi. De combien ? Nous ne le saurons pas. Moi qui avais analysé les 50 km en détail, calculé les dénivelés de chaque section, estimé mes temps de passage aux stations de ravitaillement… tout est inutilisable. Je suis la victime d'un excès de préparation.

Un peu frustré par les changements apportés au parcours, je me rends compte que c'est exactement ce qu'il me faut. N'étant plus sûr que de deux choses, le départ et la destination, plus aucun calcul n'est possible. Il ne reste qu'à lancer le chrono au coup d'envoi, à avancer, à se ravitailler aux

ULTIMATE XC - 58 KM

stations quand elles se présenteront et à arrêter le chrono une fois arrivé à Saint-Donat.

L'ignorance, c'est la force !

Entre les deux, sentiers étroits et boueux, cailloux qui roulent et racines qui guettent les chevilles, marécages, pistes de ski vertigineuses en plein soleil, ou encore de l'eau jusqu'au cou : le concepteur du tracé ne fait pas de cadeau. En plus, il fait déjà chaud à sept heures et la météo nous prévoit 27 °C avec une bonne dose d'humidité.

Ça s'annonce mal. Pourtant… 7 heures et 16 minutes plus tard, je sprinte pour franchir les derniers mètres du parcours et passer la ligne d'arrivée en septième place, loin d'être broyé par la distance ou rendu invalide par le terrain.

Techniquement, tout s'est bien déroulé. Pas de crampe ni d'épuisement prématuré, de déshydratation ou de toute autre calamité. Ma préparation physique est bonne.

Mais, pour ma quatrième participation à cette épreuve, quel changement dans mon attitude par rapport aux échecs précédents !

À mon premier essai, qui était aussi mon premier ultra, j'ai vécu mon premier abandon. Complètement ignorant de la nature du défi que je me lançais, j'ai été surpris par les difficultés du parcours. Oh, physiquement, ça allait, mais j'étais mentalement anéanti. J'ai pris ma revanche l'année d'après… pour échouer à nouveau à mon troisième départ. Faute de motivation, tout simplement. Je ne comprenais pas encore grand-chose aux ultras, mais j'en avais appris juste assez pour deviner que l'aspect mental est primordial.

Lâcher prise et profiter. C'est ça que j'ai réussi à faire : rire de la boue, danser entre les racines, plonger sans retenue dans les rivières, transformer les obstacles en jeux. Plutôt que de sortir des marécages en faisant la gueule et en me plaignant à qui voulait bien l'entendre que c'était n'importe quoi, cette fois-ci, j'ai trouvé ce bain… rafraîchissant !

Mais j'allais découvrir qu'on ne s'amuse pas sur commande…

...

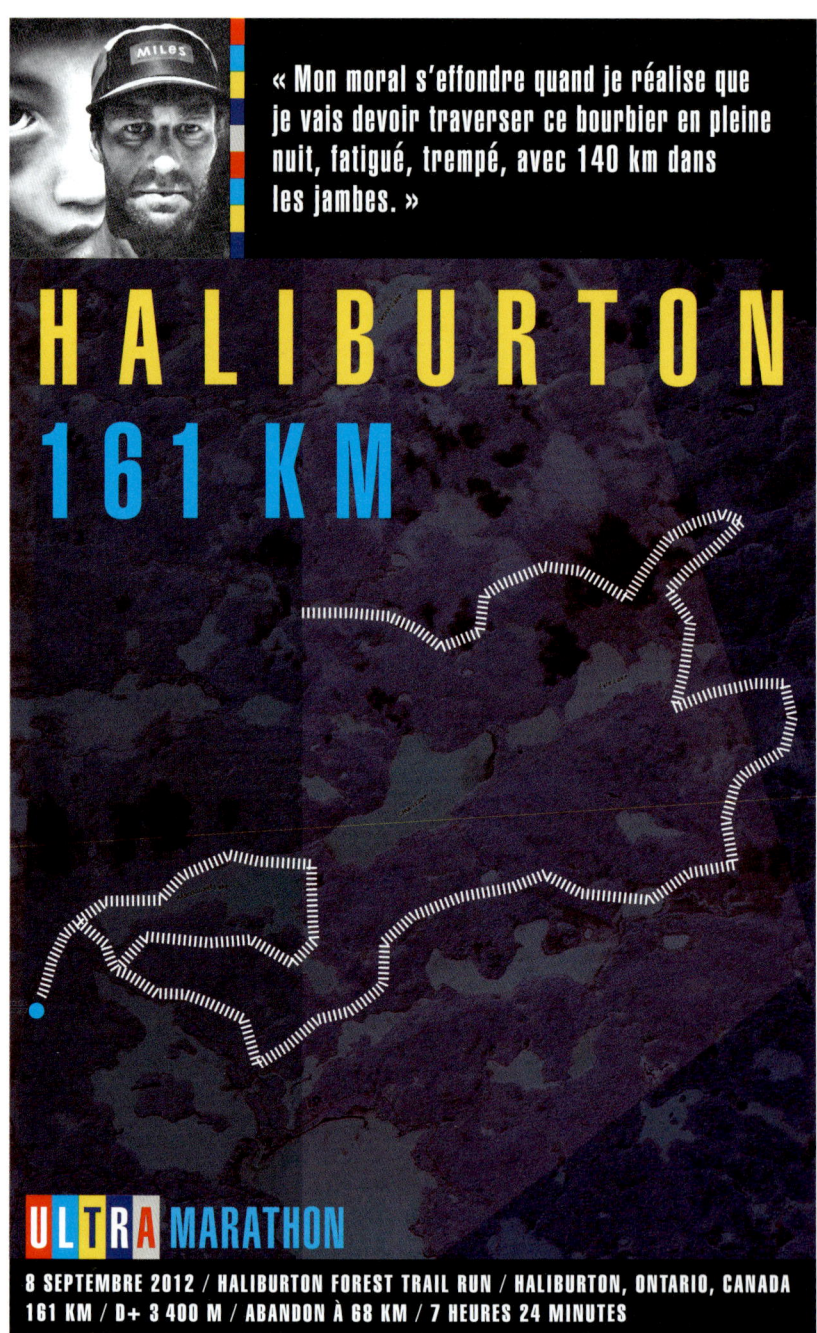

« Mon moral s'effondre quand je réalise que je vais devoir traverser ce bourbier en pleine nuit, fatigué, trempé, avec 140 km dans les jambes. »

HALIBURTON
161 KM

ULTRA MARATHON

8 SEPTEMBRE 2012 / HALIBURTON FOREST TRAIL RUN / HALIBURTON, ONTARIO, CANADA
161 KM / D+ 3 400 M / ABANDON À 68 KM / 7 HEURES 24 MINUTES

SEPTEMBRE 2012
LE GRAND SAUT

Bien entraîné et motivé, je me sens prêt à courir de l'aube jusqu'au milieu de la nuit suivante, sur des sentiers en pleine forêt et à devenir un *hundred miler*.

« J'avais prévu de vous dire qu'il vous faudrait apporter votre eau pour vous mouiller les pieds », annonce à la blague un des organisateurs de la course de 100 miles de Haliburton en Ontario. Dehors, il pleut des cordes. J'aime la pluie, mais avec la pluie, vient la boue…

Ainsi s'annonce ma première tentative de franchir 100 miles, 161 km, à la course.

C'est un véritable saut dans le vide.

Six heures du matin, la cornemuse se tait, le décompte de 10 secondes scandé par tous les coureurs s'achève, puis nous nous élançons dans l'obscurité, sous la pluie, comme prévu.

Je persiste dans mon approche digne de la cavalerie légère. Je ne transporte aucune provision en eau ou en nourriture, tandis que mon matériel de course est réduit à l'essentiel. Pour le reste, il me faudra me contenter de l'offre des bénévoles aux postes de ravitaillement.

Ah oui, j'oubliais, je porte aussi une lampe frontale pour éclairer mon chemin dans cette soupe nocturne et brumeuse où nous courons ce matin. Mais voilà, le faisceau, censé être salvateur, éclaire surtout la pluie ou la brume se trouvant à quelques centimètres devant mes yeux et masque, par éblouissement, le paysage immédiat. Je dois m'y faire.

Après la première section parcourue sur les larges routes de forêt, nous attaquons enfin les sentiers plus techniques. L'obscurité est totale, la pluie battante, les sentiers mouillés, mais parfaitement praticables. Je m'amuse comme un fou à éviter les obstacles offerts par la forêt et baignés par des nappes de brume. L'obscurité se dissipe ensuite lentement malgré les nuages lourdement chargés.

Une fois sorti des sentiers, je m'engage dans la section des routes

de forêt, me permettant d'accélérer le rythme et d'atteindre le 40e kilomètre en quatre heures précisément. Pas mal ! Et c'est le moment de faire demi-tour. Mais pourquoi ? Le tracé est fait ainsi : 40 km dans un sens, puis on revient jusqu'au départ (80 km) et on recommence pour 160 !

L'avantage de cette formule, c'est que l'on croise les autres coureurs : les plus rapides tout d'abord, quand on approche du point le plus éloigné, puis les autres quand on a soi-même passé le cap. En me basant sur les numéros de dossard des autres concurrents, je m'aperçois alors que je suis en tête parmi les participants du 100-Mile et que le second est à 5 minutes en arrière, soit environ 1 km. Je suis peut-être parti un peu vite pour me retrouver dans cette position.

Autre avantage, cela permet de nous préparer à ce qui nous attend pendant la nuit à venir. Je tente de mémoriser les aspects les plus flagrants du relief ou de la condition des sentiers : une longue montée sur un chemin herbu, une descente sur des galets, etc.

C'est alors que les désavantages des courses organisées en aller-retour se manifestent : un sentier de forêt piétiné par plusieurs centaines de coureurs sous une pluie battante devient un cauchemar, un piège boueux où les raidillons nécessitent de s'accrocher aux arbres pour garder appui, où les descentes sont des toboggans, où les creux engloutissent vos chaussures au complet.

Et plus j'avance, pire c'est, car les mêmes sentiers sont empruntés par les coureurs du 100-Mile, du 50-Mile, du 50 km et du 26 km. Plus j'approche de la ligne de départ, plus les dommages sont importants.

Mon moral s'effondre quand je réalise que je vais devoir traverser ce bourbier en pleine nuit, fatigué, trempé, avec 140 km dans les jambes. Par contre, si je termine ma course en abandonnant en début d'après-midi, je pourrai rentrer chez moi la journée même et profiter d'un dimanche avec ma femme et mes enfants... Le plaisir de courir s'évanouit. C'est foutu. Il ne me reste qu'à revenir au point de départ et à plier bagage.

« Est-ce qu'on peut faire quoi que ce soit pour te faire changer d'avis ? » demande une bénévole.

« Non, j'ai eu le temps d'y penser pendant 12 km. »

J'arrête le chrono à 7 heures 24 minutes et 21 secondes. Le compteur s'immobilise à 67,9 km. Je rentre chez moi.

La route vers Montréal est longue et j'ai largement le temps de ruminer cette déconfiture : je le savais avant de me lancer, les 100-Mile ne sont pas faits pour tout le monde. Eh bien, voilà, ce n'est pas fait pour moi ! Plus jamais ça. Je vais me contenter des « petits » ultras. Bon, au moins, j'ai compris ça avant de me blesser ou, plus grave, avant de me dégoûter de ce sport.

...

MAI 2013
MONTAGNE
DE L'OURS

Il y a des échecs qui n'enseignent rien. Abandonner sur blessure, c'est le comble de la perte de temps.

« J'ai abandonné, mon genou me faisait mal ! »

Après tout, la blessure est la meilleure justification pour ne pas franchir la ligne d'arrivée. C'est la seule raison que tu peux fièrement brandir auprès de tes amis et collègues le lundi matin pour te disculper d'un nouvel échec.

Lors de l'épreuve de 80 km à Bear Mountain, dans l'État de New York, j'étais pourtant content de laisser tomber, après seulement 36 km et moins de 4 heures d'effort.

Quel dommage ! Pendant les 2 premières heures, j'avais couru comme un lapin. Insouciant, je me reprochais seulement de consulter compulsivement ma montre GPS, oubliant que j'avais coupé toutes les informations habituelles : pas de vitesse, pas de distance, pas d'alarme kilométrique non plus. Je n'avais conservé que l'heure.

Ça faisait longtemps que je voulais me libérer du carcan du GPS. Avancer en ne me fiant qu'à mes sensations, plutôt qu'au rythme imposé par un gadget qui ne connaît rien de mon état de fatigue, du dénivelé ou des cailloux qui cassent les chevilles, me permettrait de valider ce que certains articles évoquent : laisser tomber la montre pour courir mieux ! Et ça fonctionnait en effet très bien.

Mais voilà, patatras, la blessure est survenue. J'ai d'abord senti un léger inconfort dans le genou gauche une fois rendu en haut d'une côte, mais il a disparu rapidement pendant la descente. Puis, un autre malaise, semblable au premier, mais plus intense. Et à chaque sommet, la même rengaine. J'ai boité et peiné pendant une ou deux minutes afin d'arriver à plier de nouveau ma jambe. Finalement, la douleur s'est installée pour de bon.

Le coup de grâce est survenu à une station de ravitaillement, vers le 35e kilomètre. Je me suis arrêté,

j'ai bu et j'ai mangé, pour reprendre mon souffle, puis je suis reparti… Mais ma jambe refusait de plier. Je me suis traîné sur 100 m et me suis assis. Massage, tentatives de flexion, un peu de marche n'y ont rien fait. Ça bloquait toujours. 15 minutes plus tard, j'ai parcouru les 100 m en sens inverse, me suis installé sous la tente médicale et j'ai informé les bénévoles que j'abandonnais. Il était inutile d'essayer de franchir 45 km de plus dans ces conditions.

Il était huit heures trente, le soleil n'était même pas encore assez haut pour réchauffer la forêt. Ma course était déjà terminée. Et tout ça à cause d'un genou! J'aurais préféré me faire humilier par le parcours, échouer parce que j'étais parti trop vite, pour avoir osé courir plutôt que de marcher, avoir été trompé par mes sensations et finir bien plus lentement que ce que je pensais. J'aurais au moins appris quelque chose, alors que là, je n'ai rien appris.

Sur le coup, j'étais pourtant content d'avoir mis fin à la course. Une blessure, c'est imparable, presque une fatalité. Mais, une fois raccompagné en voiture au point de départ avec d'autres blessés, j'ai accusé le coup en voyant la belle arche gonflable au-dessus de la ligne d'arrivée. Nous aurions dû la franchir en courant, pas la contempler en compagnie d'autres éclopés.

Le lundi, vraiment frustré, je suis parti en expédition punitive. À fond pour ma course du matin! Même pas mal. À fond le soir en passant par le mont Royal! Le genou ne bronche pas. Mardi? Même régime. Même résultat. Le genou se tait. Du jour au lendemain, mon genou est guéri. C'est de la magie noire.

...

J'ADORE QUAND UN PLAN
SE DÉROULE
SANS ACCROC

En apparence, la journée s'était déroulée comme prévu : j'avais fini quatrième d'une course de 15 km, réalisée exactement à la vitesse espérée, accompagné de ma femme et de plusieurs amis. Puis, j'ai donné une conférence devant une vingtaine de personnes, le tout par un beau dimanche ensoleillé. Pourtant, la vie a tout fait pour me mettre K.-O.

Récit d'un combat.

Je me suis inscrit à ce 15 km avec ma femme sans hésiter, car c'était une journée très simple à organiser. C'était juste à côté de chez nous, dans un grand parc où je cours fréquemment. Pas de problème de transport, de logement ni de stress pour trouver la ligne de départ. C'était aussi une excellente occasion d'inviter plusieurs amis à courir sur l'une des distances proposées.

Dès le début, un petit détail de logistique a surgi. Trois enfants + deux parents qui courent = besoin de gardiennage ! Belle-mère à la rescousse et c'est réglé. Voilà, on n'en parle plus, c'est dans la boîte.

Quand les organisateurs m'ont invité à présenter une conférence dans le cadre de leur évènement, pour parler de la course comme moyen de se rendre au travail, j'ai sauté sur l'occasion. Mais comment être présentable devant un public après avoir couru 15 km à fond de train ? Bah, je ferai un aller-retour chez moi pour me refaire une beauté et c'est bon. Pas de stress, on enchaîne.

Dans le coin droit, le plan. Dans le coin gauche, la réalité. Que le combat commence !

  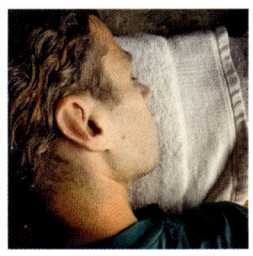

Un de mes objectifs de la saison était d'améliorer ma vitesse. J'avais donc prévu des entraînements rapides sous forme d'intervalles, deux fois par semaine. Je vous ai dit que toute cette histoire se déroule au Québec? Quand, comme moi, on ne court que dehors, on constate très vite que neige, glace et verglas ne sont pas compatibles avec la moindre tentative d'accélération. Or, cette année-là, l'hiver a commencé en novembre et fini en avril. Travail au corps pour épuiser l'adversaire. Je souffre.

À peine trois semaines avant ce 15 km, en cette première semaine de beau temps, ne voilà-t-il pas que je tombe malade, les bronches à vif. Quelques jours plus tard, fiévreux et épuisé, je me suis rendu à la clinique où on a diagnostiqué une bronchite et prescrit une bonne dose de pénicilline. Intervalles de vitesse, je disais? *Uppercut* en pleine mâchoire, le combattant était au sol.

Étourdi et confus, j'ai pris du retard dans la préparation de ma conférence. J'avais donné rendez-vous à mes collègues adeptes de course à pied pour une répétition générale de ma présentation «Course, boulot, dodo», dix jours avant le dimanche fatidique. En pleine convalescence et sans aucune diapositive, j'ai dû tout décaler d'une semaine. Et même ainsi, je n'ai trouvé l'énergie et le temps de m'y mettre que deux jours avant le test. Deux jours? Non, plutôt deux nuits pour être précis. Gauche, droite, gauche, les poings touchent la cible.

Envoyé au sol, martelé et humilié, le *challenger,* pourtant, résiste. Malgré les antibiotiques, je commence mes intervalles. Malgré une production effectuée *in extremis*, la présentation tient la route. Nous allons récupérer nos dossards pour la course de la fin de semaine. Finalement, ce combat, je peux le gagner.

Je baisse ma garde une seconde.

Crochet du gauche. Le samedi matin, ma femme se réveille malade. Totalement anéantie, elle ne mange ni ne boit rien de la journée, clouée au lit. Je dois prendre en charge les trois enfants, faire l'épicerie, finaliser les déclarations de revenus, accompagner à vélo ma grande fille chez une amie, épuiser les deux plus jeunes pour m'assurer qu'ils feront la sieste en après-midi, me rendre sur les lieux de la conférence pour tester le matériel de projection, cuisiner pour la tribu tout en veillant sur la malade alitée, préparer les valises et finalement aller conduire la marmaille chez belle-maman pour la nuit. Esquive savante, le coup glisse et rate la tête.

Crochet du droit. Si ma femme est hors service, non seulement ne peut-elle pas participer à la course, mais elle ne peut pas non plus faire le taxi pour nos amis. Je peux bien prendre le relais pour aller les chercher au métro, mais après la course, comment attendre tout le monde pour les raccompagner à la station et trouver le temps d'aller me changer avant la conférence ? Prévenus, certains s'arrangent pour changer de moyen de transport. Il ne reste qu'une collègue à prendre en charge. Surpris par l'attaque, j'encaisse le choc, mais ne tombe pas.

Dimanche matin. Le réveil sonne. Dernier *round*. Ma femme émerge. Elle tente de se lever. Ça va. Quelques minutes plus tard, bien réveillée, elle se décide à m'accompagner pour au moins aller voir nos amis courir. En plus, elle pourra finalement reconduire sa collègue quand je me serai changé. Une fois sur place, elle tente le tout pour le tout, épingle son dossard et s'élance en même temps que moi pour 15 km. Comme le parcours est constitué de trois boucles, elle pourra toujours jeter l'éponge si nécessaire. Quant à moi, je réalise le peu qu'il subsiste du plan initial : à fond !

Le test est concluant : j'atteins précisément le rythme que j'avais en tête, ce qui classe cette course parmi mes meilleures performances. À peine la ligne d'arrivée franchie, pressé par l'horaire, je m'engouffre dans la voiture. Dix minutes plus tard, j'ouvre la portière et manque de tomber en mettant pied à terre. Les mollets refroidis sont durs comme du béton. Un direct au foie… mais l'adrénaline de cette fin de combat me permet d'ignorer la douleur. Douché, coiffé, changé, je retourne au parc pour y retrouver ma femme, finalement arrivée au bout de la distance, et nos amis, heureux d'avoir terminé leur course.

Victoire ! La conférence a lieu, sans aucun problème technique, et elle est ponctuée de nombreuses questions suivies de longues discussions avec d'autres coureurs. En prime, je suis réinvité par les organisateurs pour de nouvelles séances.

J'appelle ma femme pour l'informer que ma journée est finie et que je rentre. Elle me rappelle qu'elle est rentrée avec la voiture et que je suis à pied… Ce n'est pas que courir quelques kilomètres de plus me fait peur, mais avec des mollets fusillés et en chaussures de ville, j'hésite. Un dernier coup traître de la part de mon adversaire mauvais perdant ? Finalement, ma belle-mère passe me prendre, accompagnée de ma grande fille.

Comme la journée est superbe, plutôt que de repartir immédiatement, nous profitons du printemps naissant pour marcher dans le parc et regarder les coureurs du dimanche s'entraîner, le sourire aux lèvres. J'adore quand un plan se déroule sans accroc.

* * *

LA FOIS OÙ...
j'ai tenté de courir après une soirée bien arrosée !

C'était mal.
Depuis, je prends le taxi.

HISTOIRE **DE** CHAUSSURES

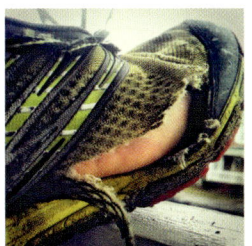 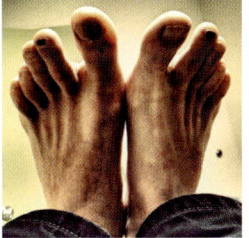 

La plupart des coureurs souffrent du fétichisme de la chaussure : ils en parlent, ils en testent, ils en achètent, ils en changent, ils comparent, ils critiquent, ils les choisissent avec soin en fonction du parcours, des conditions météo, de la distance…

De mon côté, je n'ai jamais vraiment fait de fixation sur les chaussures. En fait, depuis toujours, je traite très mal mon matériel.

Quand un vendeur me conseille de changer de chaussures pour des neuves après 600 km, je poursuis ma route et accumule près de 4 000 km, jusqu'à destruction complète ou une fois les semelles trop percées pour protéger mes pieds contre les cailloux. Peu importe si le tissu est déchiré et que la structure même de la chaussure est détruite.

Quand vient le temps de choisir quelles chaussures porter en fonction des terrains ou des conditions, mon choix est simple. Sur route ? Sur sentiers ? Sous la pluie, la neige ou le verglas, dans la boue ? Par chaleur tropicale ? Par froid polaire ? Pour éviter de me casser la tête, j'achète toujours la même chose… du moins, tant que le modèle existe, puisque les fabricants n'ont de cesse de tout changer presque chaque année.

Pourquoi autant de négligence de ma part ? Parce que je n'ai jamais relevé le moindre impact de l'état de mes chaussures sur ma pratique de la course à pied. À une exception près : qu'elles soient neuves ou usées, la seule chose qui compte, c'est la présence d'une semelle.

* * *

84

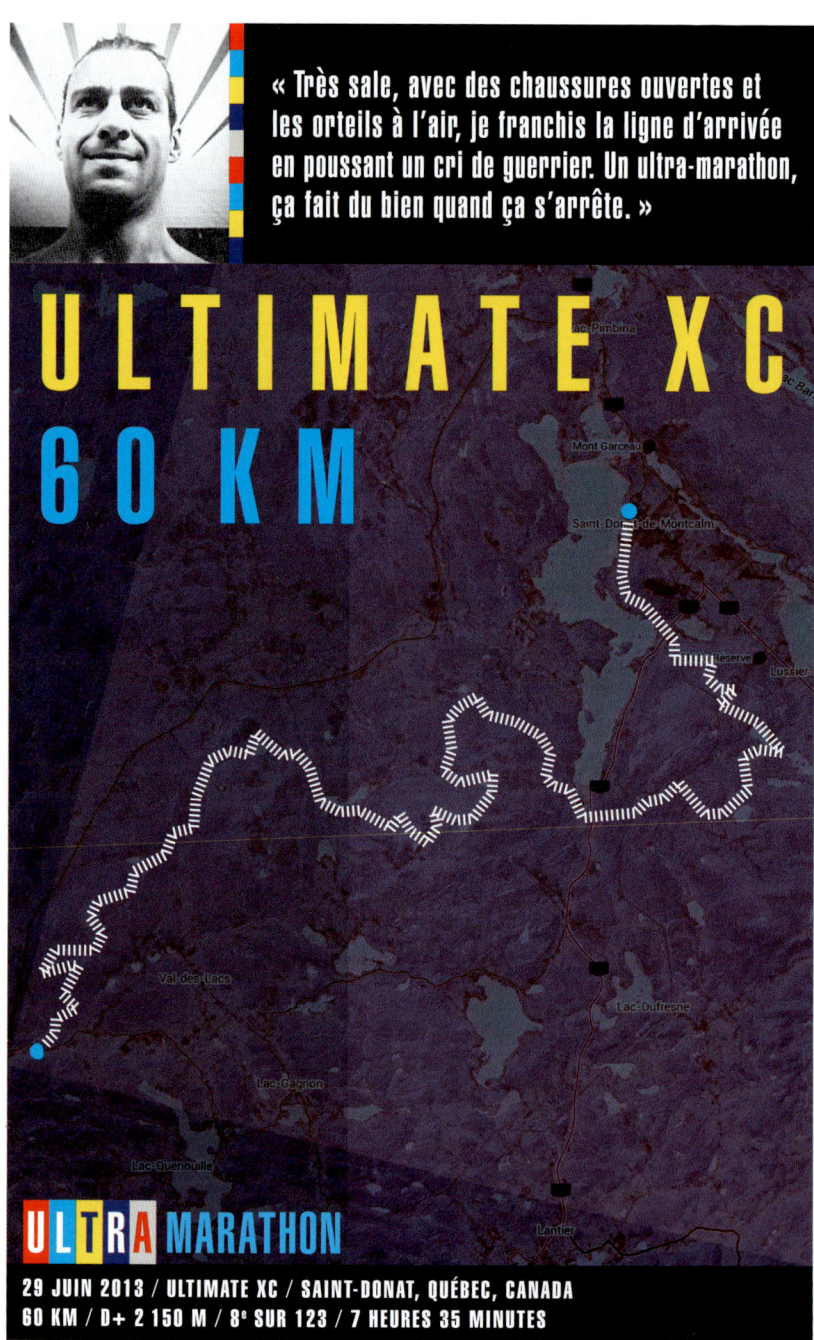

JUIN 2013
UNE BIÈRE À TOUT PRIX

Fidèle à sa réputation, l'Ultimate XC avait tout fait pour pourrir la vie des 123 participants à cet ultra-marathon. Un printemps pluvieux pour imbiber les sous-bois, une journée complète de pluie la veille pour achever de saturer la montagne en eau, des sentiers transformés en torrents ou, plus souvent, en bourbier digne de la jungle vietnamienne pendant la mousson. Et une rivière. Et une piste de ski.

Déposé par autobus au milieu de la forêt, le troupeau de coureurs avait été lâché dans les sentiers à sept heures du matin avec pour objectif de revenir au village de Saint-Donat prendre une bière et recevoir une médaille. La médaille, honnêtement, m'indifférait, mais la bière a été mon obsession salvatrice pendant les heures pénibles qui ont suivi.

Donc, on courait. Un quart d'heure après le départ, je me retrouve seul, à avancer dans l'eau, à sonder la profondeur des flaques de boue à chaque pas, à espérer que mon tibia ne frappe pas une branche engloutie, à essayer de ne pas tomber. Ça ne fonctionne pas très bien.

D'habitude, je me rappelle facilement mes chutes. UXC 2010 : une glissade sur les fesses avec rotation de 180°. UXC 2011 : atterrissage épaule-tibia sur les rochers. UXC 2012 : une roulade sur l'épaule gauche et une autre à droite. UXC 2013 : je me plante à répétition comme une grosse otarie bourrée à la bière et j'arrête de compter.

Des mois à m'entraîner à courir vite pour ça, pour m'enfoncer dans la boue jusqu'aux genoux ? Je jure, je sacre, j'insulte la nature qui me le rend bien. Vlan, mon pied droit heurte une roche. Le petit orteil encaisse le choc. Ça fait mal. Plus loin, perdant l'équilibre dans un véritable cratère de boue, je bascule pour finir mon mouvement avec une branche dans le cou. C'est stressant, une branche sur la carotide. Au gré d'une glissade sur les fesses, c'est mon index gauche qui frise l'entorse.

Je décide de jeter l'éponge au ravitaillement suivant. Sauf que la prochaine station d'aide n'arrive jamais, ce qui me laisse le temps de penser. Les stations sont tellement isolées qu'il sera probablement plus rapide de finir la course que de me faire rapatrier. Et je veux ma bière, vite.

Je décide donc de ne pas abandonner. Peu de temps après, le sentier se divise : le 38 km à droite, le 58 km à gauche. Et là, miracle, la boue se fait moins profonde, le sentier devient praticable, je peux même courir. C'est donc le passage de la centaine de coureurs du 38 km sur la section précédente qui a liquéfié les sentiers. Je sais maintenant que les 10 prochains kilomètres seront relativement simples à négocier. Après, il ne restera plus que la section Vietnam et la Montée de l'enfer. Ensuite, il suffira de redescendre vers le village. Trop facile.

Mais pourquoi donc je sens un bout de fougère coincé entre mes orteils ? J'ai des chaussures, moi, pas des sandales ! Je baisse les yeux et je vois que mon délicat petit orteil n'est plus protégé. Le tissu est complètement déchiré et ne peut plus retenir le fragile appendice, maintenant exposé à tous les dangers.

La ligne d'arrivée et la bière méritent-elles le sacrifice potentiel d'un petit orteil ? Oui, j'ai soif.

Donc, je cours. Je marche aussi, lorsque la pente devient trop raide. Mais les sensations sont vraiment bonnes : je n'ai pas chaud, pas froid, pas faim, pas soif (pas pour de l'eau, en tout cas), mes jambes sont fraîches.

Ça ne va pas si mal, finalement.

Mais voilà que le tissu de l'autre chaussure rend aussi les armes et que mon deuxième petit orteil vient de faire son apparition. Coucou ! C'est donc avec une paire d'orteils tout nus que j'entre dans ce marécage affectueusement surnommé le Vietnam. Je vais pouvoir me laver. Nager aussi, c'est plus pratique et ça permet d'éviter les branches qui jonchent le fond de la rivière.

Finalement, une fois hors de l'eau et propre comme jamais, je décide de ne pas changer de chaussures lorsque apparaît mon sac de rechange à la station de ravitaillement. J'engloutis des grains de café recouverts de chocolat, un croissant au beurre que j'accompagne d'une boisson énergisante préparée par les bénévoles. Le déjeuner du sportif.

Je sors le plus vite possible de la station pour me présenter au pied de la piste de ski, baptisée Montée de l'enfer pour l'occasion. Elle est pleine de boue et de coureurs épuisés du 38 km et du 21 km, partis en fin de matinée. Je franchis le tout, passe le sommet et, après quelques lacets, j'arrive en haut d'une pente à 15 %, de 700 m de long, entièrement dévastée par le passage de tous les coureurs des autres distances. En contrebas, deux participants peinent à rester debout, frôlant la chute à chaque pas.

Je me lance, plus sur les fesses que sur les pieds, et j'arrive en bas bien avant les deux autres. J'aime la boue.

Au ravitaillement suivant, coup de tonnerre :

Bénévole : « Tu es cinquième ! »
Moi : « Vraiment ? »
Bénévole : « S'il y en a d'autres devant, ils ne sont pas passés par là. »

Je pensais plutôt être autour de la dixième position. Je comprendrai plus tard que les bénévoles ont pris leur poste après le passage des premiers coureurs. Incroyable.

Dubitatif, je prends une poignée d'oursons en gelée alors qu'un coureur déboule.

Bénévole : « Bravo, tu es sixième ! »
Moi : « Ou cinquième, ça dépend ! »

Et je m'enfuis ! Pas question de perdre une place à 5 km de l'arrivée. Mon poursuivant pense exactement l'inverse et je l'entends très vite piétiner dans la gadoue, quelques mètres derrière moi. Après 53 km et 7 heures de course, le combat s'engage.

Dans les flaques et la vase, je perds du terrain. Sur les sections plus fermes, j'augmente légèrement mon avance. C'est encourageant, car les deux ou trois derniers kilomètres seront plats et secs. Mais avant d'en arriver là, j'évite de justesse un plongeon humiliant dans une mare opaque, tandis que mon concurrent peste et râle après une glissade plus coûteuse que les autres.

Une fois sur le chemin de gravier qui mène à la ligne d'arrivée, je donne tout ce que j'ai. Je laisse sur place quelques retardataires des autres courses et même un autre concurrent du 58 km, complètement épuisé. Une place de mieux. Les panneaux signalétiques défilent vite. Je me retourne fréquemment pour ne pas me faire avoir au sprint, comme cela a failli m'arriver l'année précédente. Derrière, personne. Des mois à s'entraîner à courir vite pour ça !

Très sale, les chaussures explosées et les orteils à l'air, je franchis la ligne d'arrivée en poussant un cri de guerrier. Un ultra-marathon, ça fait du bien quand ça s'arrête.

Bon, elle est bien belle votre médaille, mais où est ma bière maintenant ?

À moitié nu, tenant enfin une bouteille de cette divine boisson à la main, je suis à ma place dans ce groupe de coureurs. Malgré tout, quand mes potes, qui pourtant en ont vu d'autres, se rendent compte de l'état de mes chaussures, ils sont sidérés. Plutôt que de me faire des reproches, mon ami Pat m'ordonne de m'inscrire à un 160 km qui aura lieu au mois de septembre suivant. Il ignore évidemment que j'avais décidé de ne plus jamais me frotter à une telle distance. Mais je n'ose lui dire non.

...

« Je me retourne. Aucune frontale n'illumine la forêt. Aucun son. Je reprends aussitôt la course. Le scénario se répète. Des voix, mais personne en vue. »

VIRGIL CREST
161 KM

ULTRA MARATHON

21 SEPTEMBRE 2013 / VIRGIL CREST / NEW YORK, ÉTATS-UNIS
161 KM / D+ 6 000 M / 3e SUR 68 / 25 HEURES 40 MINUTES

SEPTEMBRE 2013
RÉSURRECTIONS

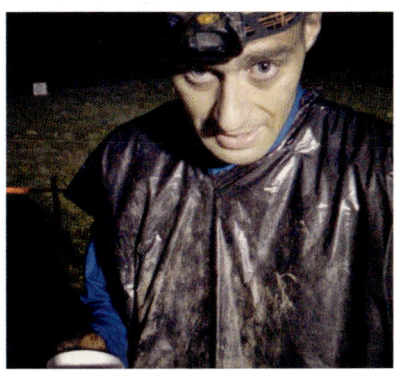

Je cours depuis 20 heures d'affilée. J'ai 130 km dans les jambes. Il fait nuit noire. Le déluge de la soirée s'est calmé, mais la boue est partout. J'entends des voix. On me suit de près. Et non contents de me rattraper, ils discutent tranquillement comme si de rien n'était !

À défaut de pouvoir accélérer dans ce bourbier, je maintiens le rythme. Je cours quand c'est possible, j'opte pour la marche rapide quand il le faut.

« Ils vont devoir travailler fort s'ils veulent ma quatrième place. »

Pluie diluvienne, chute de température, hypothermie, maux de ventre, nausées, vomissements, piles neuves qui flanchent… et en quatrième position ! Le scénario de rêve pour mon deuxième essai sur un 100-Mile.

Je viens de quitter Rock Pile et ses extraordinaires bénévoles pour la quatrième et dernière fois de cette épreuve, organisée en double aller-retour. Et me voici sur la plus longue section sans ravitaillement. La plus technique aussi, avec des cordes pour négocier les pires descentes.

Lors de ma visite précédente, il y a presque 4 heures, j'ai vécu ma deuxième résurrection de la journée. J'étais allé vomir dans l'obscurité, sous les yeux inquiets d'un coureur-accompagnateur (*pacer*) qui attendait le retour de son coureur, parti seul accomplir son ultime demi-tour au bout du parcours.

Il avait un peu de quoi s'en faire. Juste avant la nuit, ce même *pacer* m'avait vu tremblant de froid à Lift House 5, à la limite de l'hypothermie. 60 minutes, assis sur une chaise, à trouver une solution pour repartir sans me mettre en danger. Ça m'apprendra à m'engager dans un 100-Mile et à courir en plein vent torse nu sous une pluie battante.

Ce qu'il n'avait pas vu par contre, c'est que, grâce à un sac-poubelle transformé en imperméable par les bénévoles, à la couverture donnée par un participant souffrant d'hypothermie (et en route pour l'hôpital) et un coupe-vent prêté par Vincent, l'accompagnateur de Pierre, un autre Québécois, j'avais repris vie. L'ascension de la pente de ski m'avait ensuite assez réchauffé pour reprendre mon périple.

Mais j'imagine que je n'étais pas beau à voir : pâle, nauséeux, plein de boue et habillé comme une poubelle… Même Bill, le capitaine de la station Rock Pile, avait l'air étonné que je sois encore dans la course.

Dévoués, les bénévoles proposent systématiquement de remplir nos gourdes pendant que nous attaquons le buffet. Mais dans mon cas, évidemment, pas de gourde. À mon premier passage chez lui, ce vétéran de plusieurs ultra-marathons m'avait alors examiné de la tête aux pieds : un cuissard et une paire de chaussures.

À mon retour en après-midi, il m'avait déjà lancé un « *Welcome back !* » vaguement surpris. Pour ma troisième visite, mon imperméable de fortune l'avait profondément réjoui :

« Ah ! Tu t'es habillé un peu ! »

Exclamation suivie d'un vomissement (de ma part), d'une soupe de lentilles un peu brûlée (de sa part) et de mon deuxième retour d'entre les morts.

Plusieurs heures plus tard, c'est donc toujours vivant que non seulement j'entends des voix, mais qu'en plus je vois de la lumière. Les lampes frontales de deux coureurs se rapprochent. Mes efforts sont vains, ils finissent par me dépasser. Je jette un œil sur leurs dossards. Ils commencent par la lettre « R » : ils font la course

par équipe ! Cinq participants qui se relayent d'un ravitaillement à l'autre. Je suis donc toujours quatrième de l'épreuve en solo.

Arrivant sur un sentier moins technique, je réduis ma frontale à la moitié de sa puissance tout en retirant le diffuseur. L'éclairage est faible, mais suffisant. Et c'est mieux que de faire mourir les piles pour une deuxième fois en une nuit.

En effet, plus tôt dans la soirée, je constatais que ma lampe était faible comparée aux projecteurs des autres. Mais, dans le noir absolu des sous-bois, il était trop risqué de prendre mes piles de rechange, car si elles tombaient, j'étais foutu. Après une angoissante demi-heure à courir à la lueur faiblissante d'une frontale en mode économie, j'ai intercepté deux relayeurs et profité de leurs photons pour mettre des piles neuves dans la mienne. Sauvé !

Peu de temps après, arrivé à Daisy Hollow, le point le plus éloigné du parcours, je reprenais mes esprits, debout auprès du feu, sous un parapluie tenu par une bénévole. Un calcul rapide m'indiquait que les nouvelles piles ne tiendraient pas toute la nuit. On m'a alors donné une lampe porte-clé. Minuscule, mais efficace :

« Ça pourrait bien me sauver la vie, enfin, ma course ! »

« Ou les deux ! »

Rassurant... Pour plus de sécurité, j'ai tout de même quêté trois autres piles à Pierre et Vincent, croisés en entamant mon deuxième et dernier retour.

Ah, Pierre et Vincent, grâce à qui je porte un coupe-vent salvateur et qui me fournissent en piles en pleine brousse… L'éminemment sympathique Pierre que j'ai appris à connaître en courant les 40 premiers kilomètres en sa compagnie, 5 heures de discussion passionnante. Je suis infiniment reconnaissant, mais voilà, c'est une course. Ils me suivent et je vais me battre pour ma quatrième place. D'ailleurs, ils se rapprochent. J'entends de nouveau des voix !

Je me retourne. Aucune frontale n'illumine la forêt. Aucun son. Je reprends aussitôt la course. Le scénario se répète. Des voix, mais personne en vue. Finalement, je comprends : ce sont les troncs d'arbre qui, poussés par le vent, se frottent et trompent mes oreilles. La bonne nouvelle, c'est que ces hallucinations m'ont forcé à avancer, à voir qu'il m'était possible de courir malgré la fatigue, le temps et la distance cumulés et des sentiers pourris.

Et me voici enfin à Lift House, au pied de la boucle des pistes de ski qu'il va me falloir faire pour une dernière fois : 450 m de dénivelé positif, pente moyenne de 14 %, un trajet de 6,75 km. Mais 6,65 km plus tard, mes pieds glissent sur l'herbe détrempée et je tombe à plat sur le dos. Ma tête frappe violemment la boue, ma frontale s'envole, je vois des étoiles. Des vraies : le ciel est enfin dégagé, même la lune est sortie.

Ma femme, qui m'a accompagné jusqu'à Virgil, m'attend avec notre fils à Lift House, 100 m plus loin. Comme je suis sonné par la chute, elle ne reconnaît même pas ma démarche. Un café plus tard, je me débarrasse de mon sac-poubelle que je remplace par une veste chaude et je repars.

Il ne reste que 16 km et un poste de ravitaillement que j'atteins après le lever du soleil. Finalement, ma lampe aura résisté avec son deuxième jeu de piles. J'arrive donc à Gravel Pit le cœur léger. La section finale est facile, il fait jour, je me sens mieux, je vais finir mon premier 100-Mile, et, en prime, je vais décrocher la quatrième place.

Les bénévoles relèvent mon numéro de dossard et me demandent en quelle position je suis :

« Quatrième, non ? »

« Eh bien, on attendait le troisième coureur, alors ça doit être toi. »

Troisième ? Je n'ai dépassé personne, mais je n'ai pas non plus fait attention aux ravitaillements. Peu importe, je les remercie et je pars immédiatement. Impossible de savoir si ce coureur est loin, ni dans quel état il est. Et je suis bien placé pour savoir qu'on peut se remettre d'un coup dur.

Donc, je cours, m'attendant à voir ce coureur apparaître derrière moi n'importe quand, bien décidé à reprendre sa place sur le podium. Même quand la ligne d'arrivée est en vue et que je suis sur le sentier en asphalte qui contourne Hope Lake, je regarde encore en arrière, inquiet de me faire coiffer au poteau. Je cours tellement que j'obtiens le temps le plus rapide sur cette vingtième et dernière section.

Mais non, personne ne me poursuivait. L'ex-troisième avait bel et bien abandonné, 20 miles plus tôt. Quant à Pierre, il est arrivé 1 heure après moi, quatrième au général, et premier vétéran. Chapeau, Monsieur Pierre !

Une fois bien installé dans le chalet avec une bière, je constate les dégâts. Pas mes pieds, non. Ils sont boueux, mais intacts. Je ne parle pas non plus de mes chaussures un peu déchirées. Non, je parle des autres participants. Sur 66 coureurs au départ, 18 seulement ont franchi la ligne d'arrivée. Un taux d'abandon de 74 %… un carnage !

Pour nous aider à oublier tout ça, Pierre et moi avons eu droit à des trophées : une belle grosse tasse personnalisée et une boucle de ceinture. Mon ami Pat, qui m'avait « donné l'ordre » de venir, a eu ce mot pour moi :

« T'as bien fait de m'écouter quand même ! »

...

VIRGIL CREST · 161 KM

LA FOIS OÙ...

j'ai voulu échanger mes chaussures déchirées!

Facture en main, j'informe le vendeur que les chaussures doivent avoir un défaut pour être autant abîmées après à peine 250 km. « Tout ça en deux semaines ? » Je passe alors aux aveux : « Ben, c'est que je reviens d'une course de 160 km... » Il s'exclame : « Sur combien de jours ? » Je lui réponds : « En une seule fois, 25 heures. » Ça a été sa dernière question et je suis sorti de la boutique avec des chaussures neuves.

SANS BOIRE
NI
MANGER

À force de pratique, j'ai changé bien des choses dans ma façon de faire.
J'ai changé de chaussures et adapté ma foulée. J'ai modifié l'intensité de mon entraînement et couru dix fois par semaine, doublant d'un coup mon kilométrage hebdomadaire. Mais ça, je m'en doutais.

Ce que je n'ai pas vu venir, c'est que je me suis mis à pouvoir courir très longtemps. Sans boire. Ni manger.

Je me doutais qu'on pouvait réduire son alimentation et son hydratation avant ou pendant l'effort, mais je n'y avais jamais porté un intérêt marqué. C'est de manière imprévue, grâce à un ami et sa passion pour l'alpinisme, que j'ai découvert qu'on pouvait s'entraîner à tout, même à une carence en nourriture ou en eau.

En alpinisme de très haut niveau, le concept de minimalisme existe, mais englobe tous les aspects de la discipline. Cela implique de ne s'équiper que du matériel essentiel pour effectuer l'ascension la plus rapide possible. La prise de risque est alors partiellement compensée par la vitesse d'exécution, elle-même rendue possible par l'élimination des contraintes matérielles. Pourquoi transporter de quoi faire un bivouac quand on peut grimper toute la nuit ? Quel est l'intérêt d'avoir de quoi survivre à une tempête quand on pense faire l'aller-retour en quelques heures, pendant lesquelles la météo est prévisible, plutôt qu'en plusieurs jours ?

Pour aller encore plus vite, il faut éliminer encore plus de poids, soit couper sur les vivres, et s'entraîner adéquatement. On peut alors préparer son corps à fonctionner longtemps avec très peu d'apports en nourriture ou en eau.

Inconsciemment, j'avais déjà fait quelques pas dans cette direction : cela faisait des années que je courais le matin le ventre vide, plus par souci de confort qu'autre chose. Cela faisait aussi longtemps que je ne transportais plus d'eau avec moi, puisque je connaissais tous les points d'eau publics de la ville. Mais après avoir fait des lectures sur l'alpinisme, je me suis décidé à couper au maximum tout ravitaillement à l'entraînement et à voir ce que ça pouvait bien donner.

Est-ce que j'ai eu faim ? Oui, évidemment. Au point de ne plus pouvoir courir ? Jamais. Des passages à vide, alors ? Oui, et même presque des vertiges parfois, mais toujours après un excès de sucre trop peu de temps avant ma course du soir. On peut donc courir pendant des heures sans rien manger. C'est très pratique, puisqu'on n'a pas besoin de sac à dos.

Est-ce que j'ai eu soif ? Oui. Est-ce que j'ai souffert de déshydratation ? Sûrement. Est-ce que j'ai dépassé les bornes ? Non, je n'ai jamais eu cette impression. En pleine canicule, je m'arrêtais tout de même pour boire, un peu, et surtout m'asperger d'eau, bien plus efficace. Et pendant les ultra-marathons, je me suis contenté des ravitaillements offerts : impossible de mourir de soif avec tous ces bénévoles postés à quelques kilomètres de distance les uns des autres ! Là encore, courir sans gourde, c'est très pratique et agréable.

Le corps est fait pour fonctionner dans des conditions de carence. L'entraînement à vide semble avoir réveillé en moi des mécanismes dont je n'avais bien évidemment jamais eu besoin dans mon ancienne vie. Et il faut bien réaliser que mes petites courses de quelques heures en pleine civilisation sont bien loin des expéditions que s'imposent les alpinistes de haut niveau. Je ne parle même pas des réflexes de survie que mon métabolisme garde fort probablement en réserve pour les véritables urgences…

Donc, oui, j'arrive maintenant à courir pendant plusieurs heures, sur plusieurs dizaines de kilomètres, sans eau, sans nourriture, sans gel, sans boisson énergisante, sans sac à dos et sans gourde. Il m'a fallu apprendre à apprivoiser les sensations liées à la soif et à la faim, tout comme je me suis habitué aux douleurs musculaires et à la fatigue.

De plus, en enlevant ces contraintes de ravitaillement, je me suis libéré des calculs et des inquiétudes qui vont avec : pas d'alarme pour prendre un gel toutes les vingt minutes, pas de stress quand la gourde est vide et que le ravitaillement suivant est encore loin, pas de nourriture risquant de devenir indigeste pendant l'effort. Il ne me reste que l'option d'avancer le plus vite possible, ce qui est d'autant plus facile sans encombrement matériel.

Et ce n'est jamais fini. Mois après mois, je remarque encore que des changements se produisent et qu'une métamorphose est en cours.

**

LA FOIS OÙ...
j'ai fait peur à un soldat !

Quand on dépasse un marcheur, souvent il sursaute. Parfois, il crie. Une fois, un gars s'est retourné brusquement à mon passage, poings en avant et en position de combat. Réalisant son erreur (c'était dans le parc Jean-Drapeau, pas dans la jungle après tout), il s'est vaguement justifié en marmonnant : « J'ai fait l'armée, moi. »

JUIN 2014
SEPT MERCENAIRES, UN SURVIVANT

Vendredi vingt heures trente, sept coureurs partent à l'assaut des sentiers de Saint-Donat. L'objectif? Faire le parcours de l'Ultimate XC à rebours et repartir avec les coureurs du 60 km le samedi matin à six heures quarante-cinq, pour un total de 120 km.

Le terrain et la nuit sont sans pitié. Pourtant, nous sommes expérimentés, motivés, parfaitement préparés et regroupés avec l'intention de le rester pendant toute la nuit.

La section des marécages, premier écueil potentiel, ne pose aucun problème. C'est au cœur de la nuit, dans les longs sentiers qui suivent que notre groupe commence à souffrir.

Les 20 km suivants se révèlent interminables. Le dénivelé et les sentiers techniques nous ralentissent considérablement. Malgré une vitesse plus basse encore que nos prédictions les plus pessimistes, notre groupe finit par se scinder en deux. Je fais partie du trio de tête, mais le manque de sommeil commence à me coûter cher. Tandis que mes deux compagnons semblent trotter facilement tout en discutant, je garde le silence, m'efforçant de suivre la cadence sans trop écraser de grenouilles.

Benoît et Tomas sont en mesure de vérifier notre position sur la carte et de calculer notre heure d'arrivée au ravitaillement du lac à l'Appel, au 40e kilomètre. De mon côté, je suis totalement incapable d'émettre la moindre opinion utile et je me fie entièrement à eux pour poursuivre notre route sans nous perdre.

Finalement, ce n'est qu'avec 15 minutes d'avance que nous devançons les bus à l'aire de départ du 60 km. Nous n'y retrouvons que Pierre, Martin et Vincent. Donald a décidé de jeter l'éponge au ravitaillement du 40e kilomètre. Malheureusement, nos trois amis se sont perdus et ont dû courir sur une route pendant 10 km.

Du trio encore en lice, seuls Tomas et moi repartons en sens inverse, Benoît étant blessé. Profitant cette fois

de la présence des bénévoles sur le parcours, nous partons chacun à notre rythme et je vois Tomas prendre graduellement de l'avance, puis disparaître.

Lentement, mais sûrement, je cours quand c'est possible, je marche souvent, mais sans jamais perdre mon rythme. Une éternité plus tard, je retrouve Tomas en train de se rafraîchir dans un lac, au 80e kilomètre. À ma grande surprise, lui aussi abandonne, complètement épuisé nerveusement par un parcours exigeant et notre nuit blanche.

Je me retrouve donc seul en piste. Imitant Tomas, je me lave dans le lac et je vide mes chaussures de tous les débris accumulés.

En avant !

N'étant pas certain de ma position ni du kilométrage restant, je passe beaucoup de temps à vérifier si je peux arriver avant la barrière horaire au ravitaillement du chemin Wall. Cette inquiétude de risquer la disqualification faute d'avancer assez vite me donne la force de courir dès que le terrain le permet.

Après le Vietnam, c'est avec 45 minutes d'avance sur la possible disqualification que je revois le directeur de course. Je lui apprends alors que je suis le dernier à courir. Pour

une équipe sélectionnée sur sa capacité à terminer ce type d'épreuve, c'est une surprise de taille. Mais au moins, je suis encore là, le dernier participant d'une course dont les bénévoles ignoraient l'existence.

En effet, il n'était pas possible de s'inscrire au 120 km, il fallait y avoir été invité. Et si nous avions des dossards, il me faut tout de même expliquer à chaque contrôle que je porte le numéro 8, pas pour le 60 km, mais bien pour le 120 km. Ironiquement, la majorité des bénévoles ne pratiquent pas la course à pied. Souvent, la notion d'ultra-marathon leur est totalement inconnue. Alors, à chaque arrêt, je m'amuse à guetter leurs réactions quand ils découvrent que oui, on peut courir 120 km, en partant la veille, en pleine nuit, sans dormir et en trouvant le moyen de survivre… et même de sourire !

En approchant du village, les ravitaillements sont de plus en plus fréquents. Le scénario des bénévoles médusés se répète, mais graduellement, la nouvelle semble se propager qu'il y a un seul coureur survivant de l'épreuve, officielle mais mystérieuse, de 120 km. Je suis donc attendu, encouragé, félicité, questionné, pris en photo ! Finalement, même si l'horloge tourne encore et qu'il y a une

vague possibilité que je ne respecte pas le temps limite, tous ces épisodes excessivement sympathiques me font complètement oublier que je suis censé souffrir, à cuire en plein soleil après 18 heures d'effort et 100 km de roches, de racines et de boue.

À l'ultime ravitaillement, une bénévole se souvient de m'avoir vu la veille, juste avant notre départ. Elle m'avait remarqué à cause de ma tenue, ou plutôt de mon absence de tenue. Curieusement, parmi les sept mercenaires, c'est donc le coureur à moitié nu qui va terminer!

À force d'avancer, on finit par arriver. C'est le principe de base d'un ultra-marathon. On passe d'un ravitaillement à l'autre et, surtout, on ne pense pas à tout ce qui nous reste à accomplir. Mais là, je viens de quitter le dernier ravitaillement. Je peux enfin me permettre de visualiser la ligne d'arrivée. Là encore, même dans les derniers kilomètres, je ne ressens aucune douleur, toujours pas le moindre indice d'une crampe, la digestion est impeccable et j'arrive à courir d'un pas relativement léger.

Une fois la ligne franchie, je retrouve tous mes compagnons qui m'attendent, bière à la main, et passablement saouls pour certains. Je vais ensuite me rincer dans le lac. Il me reste une seule chose à vérifier, l'état de mes pieds qui ont été enfermés pendant presque 20 heures dans des chaussures mouillées et pleines de débris en tous genres. L'improbable perfection de cette course vaut aussi pour mes pieds:

rien, absolument rien. Ils sont flétris, mais intacts.

J'aimerais pouvoir claironner que j'ai trouvé une recette pour courir sans encombre pendant des heures, mais c'est impossible. Comme l'ont vécu mes compagnons qui ont tous abandonné, certains pour la première fois de leur illustre carrière de coureur, rien n'est jamais acquis dans les ultra-marathons. Et en somme, d'une course réussie, on ne retire que peu d'enseignement.

J'ai moi-même assez d'abandons à mon actif pour savoir que franchir la ligne d'arrivée n'est pas scientifiquement prévisible. Tant que la tête veut, le corps, même brisé, va suivre. À l'inverse, si la motivation s'étiole, c'est le début de la fin même quand rien d'autre ne cloche.

Alors, est-ce que je vais tenir le coup dans quelques jours lors du Vermont 100-Mile Endurance Run? Physiquement, oui, à 100%. Mais suis-je prêt, mentalement, à courir de nouveau 160 km?

...

« J'ai mal quand je cours. J'ai mal quand je marche, j'ai mal quand je me tiens debout. Alors, pour que ça finisse plus vite, je cours... »

VERMONT 100
161 KM

ULTRA MARATHON

19 JUILLET 2014 / VERMONT 100 / SILVER HILL, VERMONT, ÉTATS-UNIS
161 KM / D+ 4 600 M / 3ᵉ SUR 303 / 16 HEURES 10 MINUTES

JUILLET 2014
VERMONT 100 :
« *GOOD JOB !* »

Mais où est Camp Ten Bear ? Un point de ravitaillement complet a disparu. Pourtant, je ne suis pas perdu, car je vois encore les assiettes en plastique jaune qui marquent la route à suivre. Mais Camp Ten Bear n'existe plus et l'issue de mon premier Vermont 100 dépend de cette station.

À Camp Ten Bear, m'attend mon seul sac de ravitaillement de toute la course. Enfin, sac de ravitaillement, c'est un grand mot pour un si petit sac de plastique blanc qui ne contient que deux lampes frontales. Sans mes lampes, je suis contraint de franchir la ligne d'arrivée avant la nuit, avant vingt et une heures.

C'est même pire, car sous les arbres, les sentiers seront d'un noir d'encre encore plus rapidement. J'ai pu le vérifier tôt ce matin. Au départ de la course à quatre heures précises, pour moi et plus de 300 autres coureurs, les lampes frontales étaient absolument nécessaires. Elles le sont demeurées bien après le lever du soleil, sa lumière rasante étant masquée par les hautes collines et leur superbe forêt.

Pourtant, Camp Ten Bear existe, je l'ai vu. Pas plus tard qu'en début d'après-midi. Ma femme et mes deux grands enfants m'y attendaient. Les deux garnements ont même couru quelques centaines de mètres avec moi, jusqu'aux tables où j'ai ensuite pris le temps de leur choisir un verre de soda plutôt que de thé glacé. Heureux de revoir ma famille, j'ai fait une photo-souvenir avec eux avant de repartir pour tenter de conserver ma troisième place.

Je n'ai pas vraiment étudié la carte du parcours avant de me lancer sur les sentiers et les routes de terre du Vermont. J'avais juste (mal) compté le nombre de ravitaillements (je pensais qu'il y en avait une trentaine) et remarqué qu'on passait deux fois par Camp Ten Bear. Mais je n'avais aucune idée de la longueur de la boucle qui nous y ramenait avant d'entamer la section finale jusqu'à l'arrivée.

Le nombre élevé de ravitaillements avait confirmé mon choix de ne pas transporter d'eau ou de nourriture. Par contre, il devenait primordial de ne jamais s'attarder aux stations, sauf en cas de force majeure. En effet, une pause de 5 minutes, répétée vingt-cinq (ou trente) fois, cela fait plus de 2 heures perdues.

Cette hâte à quitter au plus vite chaque ravitaillement me donnait juste le temps de boire quelques verres, de m'arroser pour me rafraîchir, puis de repartir avec un peu de nourriture, que je mangeais en courant.

Je n'avais jamais imaginé pouvoir être en troisième place au Vermont 100, mais comme je viens tout juste de dépasser le quatrième coureur, la stratégie de fuite prend une dimension d'urgence.

Toujours à l'affût de ma deuxième traversée de Camp Ten Bear, je prépare ce que je vais dire à ma famille :

« Pas de photo, pas d'enfants dans les bras, j'ai un coureur qui me pousse dans le cul ! »

Pas très élégant, mais quand un improbable podium à une course légendaire se matérialise, les bonnes manières se perdent.

Sauf que j'ai beau courir, suivre les assiettes jaunes et traverser en trombe les ravitaillements, je ne trouve ni mes lampes ni ma famille.

Mon GPS, par malheur, a enregistré un mauvais point de données et ajouté soudainement plusieurs dizaines de kilomètres au compteur. Heureusement, les affichettes collées aux tables des bénévoles m'indiquent la distance parcourue. Par contre, ma montre me fournit aussi ma vitesse moyenne, que j'utilise pour estimer mon temps d'arrivée. Avec le point erroné, le rythme affiché est bon pour la poubelle.

Je dois maintenant convertir des miles en kilomètres, retenir le temps de parcours entre deux ravitaillements pour estimer ma progression et calculer mon heure d'arrivée. Tout ça en ignorant le dénivelé et la nature des sentiers qui restent devant moi. Car, non, je n'ai pas étudié la carte du parcours.

Arriver avant la nuit? Ça semble toujours faisable. Conserver ma troisième place? Impossible à dire, puisque c'est la quatrième fois que j'échange ma position avec celui qui maintenant me poursuit.

J'avais commencé la course dans le groupe de tête et, tentant de garder le compte des coureurs que je rattrapais et de ceux qui me doublaient, j'avais l'impression de m'être maintenu dans les dix premiers. Parmi ceux qui m'avaient dépassé, un en particulier m'avait laissé sur place au 50e kilomètre. Il portait un bandeau pour retenir ses cheveux mi-longs.

Après 70 km de course, les bénévoles m'indiquent que non seulement je suis en quatrième place, mais que le troisième a seulement quelques minutes d'avance. Avec à peine le tiers de la distance totale franchie, inutile de s'affoler. Mais c'est une course et l'adrénaline me donne un bon coup de fouet.

Lancé à la poursuite de l'homme au bandeau, j'arrive à un ravitaillement. J'aperçois alors Dan Des Rosiers, le Québécois qui est à l'origine de ma progression dans les courses en sentiers. En effet, c'est lui l'organisateur du machiavélique Ultimate XC, avec ses marécages et ses pistes de ski, où je retourne année après année.

Mais aujourd'hui, Dan est bénévole pour le Vermont 100. Je suis surpris de le voir, car il est censé être le capitaine de la grande station où l'on passe deux fois. L'esprit occupé par ma chasse à l'homme, je me dis qu'il est encore tôt et que Dan donne un coup de main aux autres avant de se rendre à son poste. Dès qu'il me voit, il me confirme lui aussi que l'autre coureur est tout près. Je m'envole sans plus attendre.

Une table garnie de verres et de bidons nous attend sur le bord du chemin. Nous sommes quatre à l'atteindre en même temps: deux participants à la course de 100 km, l'homme au bandeau et moi-même. Les deux autres sont très décontractés, car ils sont dans le milieu de peloton de leur épreuve. Par contre, ils voient bien que pour nous, la compétition bat son plein:

«Passez devant, vous êtes bien plus pressés que nous», me dit l'un d'eux en libérant l'accès à la table.

«Curieusement, c'est une remarque logique», rétorqué-je.

Conscients qu'il serait absurde pour nous d'être pressés, alors qu'il nous reste encore 80 km à franchir et presque une dizaine d'heures à courir, ils éclatent de rire… et je repars à la poursuite de l'autre qui n'a pas attendu. Alors qu'il m'avait laissé dans la poussière 30 km plus tôt, je le rattrape en seulement quelques secondes et c'est à mon tour de le planter sur place.

En plein après-midi, la chaleur est bien installée. Heureusement, il n'y a pas de canicule comme l'année précédente, et une faible couverture nuageuse nous protège. Malgré tout, je prends soin d'éviter la surchauffe. Les verres d'eau que je me verse sur la tête sont utiles, tout comme les rares ruisseaux que je croise.

Le bonheur, c'est quand je vois les énormes bassines remplies d'eau par les propriétaires du coin pour les chevaux de course. En effet, tout comme Western States à l'origine, le Vermont 100 est aussi une compétition où les cavaliers doivent franchir 100 miles avec leur monture.

Gordy Ainsleigh a été le premier à oser courir les 100 miles de Western States, alors que son cheval était blessé. À cette occasion, un cavalier, trouvant injuste qu'un homme participe à la compétition sans animal, s'en était plaint au responsable, qui lui avait alors répondu : « Mais il est un animal ! » Je savais moi aussi quoi répondre si quelqu'un me faisait le reproche d'utiliser l'eau préparée pour les chevaux.

Sauf que là, ça fait longtemps que je n'ai pas plongé ma tête dans une bassine et je n'avance plus. Depuis que j'ai laissé ma famille à Camp Ten Bear, rien ne va plus. Tout ce qui est plus à pic qu'un faux plat me contraint à la marche. Et l'homme au bandeau me dépasse en courant, sans effort.

Pire, il est maintenant escorté par son *pacer*. Cet accompagnateur, autorisé dans la dernière portion de certains ultra-marathons, ne peut pas aider physiquement le coureur. Il est par contre en mesure de prodiguer des conseils alors que l'autre est hagard, de motiver un compétiteur affaibli, d'imposer un rythme de course plus rapide à un athlète épuisé.

Pour ma part, non content de courir presque nu, j'ai choisi de faire partie de la catégorie Solo : pas d'équipe pour m'assister pendant la course ni de *pacer*. Mais, solo ou pas, nous partageons le même classement, cette catégorie n'étant qu'une reconnaissance de l'approche choisie et non une compétition distincte.

C'est donc flanqué de son *pacer* que l'homme au bandeau reprend la troisième position, tandis que je râle, courbé en avant et les mains sur les hanches, montant très lentement le sentier pour atteindre la station répondant au nom patriotique de Spirit of 76.

Je ne suis pas Américain et les drapeaux étoilés qui décorent cet endroit ne me redonnent aucun élan. Rien de ce qui est offert à manger n'éveille mon intérêt non plus.

Les boissons gazeuses, par contre… Plutôt que de boire à partir d'un petit gobelet en carton, je m'empare d'une canette que je vide au complet en quelques secondes.

J'aperçois une casserole accrochée au-dessus d'une bassine remplie d'eau. Pas de doute, c'est bien pour les coureurs et non les chevaux. J'en profite pour me rincer et je repars.

Quelques minutes plus tard, les jambes se réveillent, je cours de nouveau, je revis. Au loin, j'aperçois le duo qui occupe ma place sur le podium. Tranquillement, je gagne du terrain. Les deux silhouettes grandissent. J'arrive à leur hauteur. L'homme au bandeau esquisse un sourire :

« Chacun son tour ! »

Avec 130 km dans le corps, ma capacité de répondre en anglais est anéantie. Mais je peux courir, c'est tout ce qui compte. Je les laisse dans mon sillage.

À défaut d'avoir localisé Camp Ten Bear et mes lampes frontales, j'ai au moins trouvé la formule magique pour finir cette course : une canette complète de Canada Dry à chaque arrêt. Malgré ce régime liquide, ma bouche est complètement sèche, je n'ai plus de salive.

Et mes jambes me font souffrir. J'ai mal quand je cours. J'ai mal quand je marche, j'ai mal quand je me tiens debout. Alors, pour que ça finisse plus vite, je cours tout ce que je peux. Quand ça monte raide, malheureusement, seule la marche rapide m'est accessible.

Mais je m'imagine que l'homme au bandeau est en train de reprendre du poil de la bête, comme il l'a déjà prouvé deux fois aujourd'hui. Je m'impose alors de courir au moins jusqu'à ce caillou au milieu de la côte.

Et quand je dois marcher, je me fais la promesse de reprendre la course à partir de l'ombre projetée par cet arbre sur le chemin. D'une pierre à l'autre, d'une ombre à la suivante, je maintiens le rythme.

Les kilomètres défilent, mais j'attends toujours de revoir Camp Ten Bear et son capitaine. Toujours pas de famille à écarter de mon chemin en grognant que je suis pressé. Par contre, l'absence de lampe frontale ne me préoccupe plus autant, car la distance me séparant de la ligne d'arrivée fondant au soleil, mes calculs se précisent et indiquent que je vais finir tout juste avant la nuit.

Tiens, des bénévoles. Je prends une canette et, pour la première fois depuis trois heures du matin, je m'assois. Le nom du ravitaillement est imprimé sur une feuille, glissée dans une enveloppe plastifiée, elle-même accrochée à la table. Camp Ten Bear ? Bien sûr que non. L'affichette indique plutôt :

Ravitaillement Polly's
Prochain ravito sans bénévoles :
Sargent's - 2,6 miles
Prochain ravito avec bénévoles :
Finish - 4,8 miles

FINISH ? Dans moins de 8 km ? C'est moins que la distance que je cours matin et soir pour aller travailler. Je me remets instantanément debout, je remercie les bénévoles et je repars.

Je visualise la distance qui me reste en la comparant à mon trajet quotidien. Six kilomètres, je traverse l'île Sainte-Hélène. Cinq, je mets le pied sur le pont Jacques-Cartier. Quatre, je descends vers la Rive-Sud.

Voici la table, les gobelets et les bidons de Sargent's.

Trois, je traverse la rue Saint-Laurent.

Je rattrape un coureur du 100 km, qui semble penser que je vais lui prendre une place au classement. T'inquiète pas, mon gars, on ne fait pas la même course, mon dossard est blanc.

Deux, je suis sur la piste cyclable. J'entends des voix. Derrière moi. L'homme au bandeau et son *pacer*. Rien n'est joué.

Il est maintenant vingt heures et le sentier est complètement noir. Je vois parfaitement quelle direction suivre, mais les obstacles au sol sont invisibles. Évidemment, je trébuche sur quelque chose, juste pour me faire craindre de tomber à quelques mètres de l'objectif. D'ailleurs, la fin est proche, j'entends de la musique, des cris et des applaudissements.

Et encore une fois, des voix, toujours derrière moi, mais plus proches.

Un, j'énumère les rues que je croise dans le dernier kilomètre avant chez moi : Joliette, Gardenville, Victoria, Châteauguay…

Le sentier est maintenant bordé de bidons en plastique dans lesquels ont été insérés des bâtonnets phosphorescents. On dirait des citrouilles blanches.

Soudain, j'entends derrière moi le bruit d'un gros caillou qui roule. Quelqu'un approche, et pour déplacer une aussi grosse roche, il fonce. Je tourne la tête.

Plutôt qu'un homme coiffé d'un bandeau, ce sont deux énormes bêtes qui trottent vers moi. J'apprendrai plus tard qu'elles se nomment WynsMoonTymeRebel et Frontier Random, deux chevaux qui terminent leur long périple en même temps que moi.

Après 16 heures, 10 minutes et 41 secondes de course, je franchis la ligne d'arrivée en criant. Je me laisse littéralement tomber sur une chaise, tandis qu'un bénévole tente de me passer une médaille autour du cou. Ma femme et mes enfants m'attendent.

Après avoir pillé la table de ravitaillement, mais avant de quitter la ligne d'arrivée, je demande à ma femme de confirmer mon classement : je suis bien troisième.

J'aurais été pleinement satisfait si je m'étais classé parmi les dix premiers, mais me voilà sur le podium, à quelques minutes du deuxième (mais très loin du vainqueur).

Mon objectif était de boucler le VT100 en moins de 20 heures, espérant secrètement descendre sous les 18 heures. J'ai plutôt enchaîné l'équivalent de quatre marathons de 4 heures chacun, en franchissant au passage un dénivelé positif de 4 600 m.

Je n'ai pas le temps de me perdre dans ces belles pensées, car mes jambes me font horriblement mal. Je me traîne jusqu'à l'étang voisin pour y tremper mes mollets. Ça ne change pas grand-chose, car l'eau n'est pas assez froide.

Alors que mes membres inférieurs macèrent en compagnie des grenouilles et des écrevisses, je discute avec ma femme pour tenter d'éclaircir le mystère de Camp Ten Bear. Elle m'apprend y être arrivée 30 minutes trop tard pour me voir lors de mon premier passage, puis m'avoir attendu jusqu'en début d'après-midi pour mon retour par cette station.

Après un instant d'incompréhension, je réalise que ma rencontre avec Dan Des Rosiers, au début de ma chasse à l'homme au bandeau, s'était faite à Camp Ten Bear. À partir de cette faute d'inattention, tout s'explique. Je vois alors quelle erreur j'avais faite en plaçant mes lampes à cet endroit. Il était quatorze heures trente quand je suis passé la deuxième fois, bien trop tôt pour récupérer mes frontales.

Là encore, la douleur m'empêche de me concentrer sur les failles de mes préparatifs. Officiellement hors service, je vais alors me coucher.

Sous la tente, aucune position n'est confortable. Après un sommeil perturbé, j'abandonne mon sac de couchage et la famille endormie pour me rendre, lentement, jusqu'à la tente médicale. Il est quatre heures. Ça grogne, ça geint. Plusieurs lits de camp sont occupés par des coureurs qui ne semblent pas non plus savoir comment s'endormir.

De là, je migre vers un autre coin du chapiteau où des bénévoles préparent à manger. Des cris proviennent de la forêt voisine. Des coureurs terminent leur aventure après avoir obstinément avancé toute la nuit. Je décide d'aller y jeter un œil. J'arrive à temps pour voir finir celui qui sera le dernier Québécois à vaincre le VT100 cette année, juste sous la barre des 25 heures. Le chronomètre tournera encore pendant les 5 prochaines heures avant d'atteindre la limite permise par les organisateurs.

À l'aube, je me douche grâce au tuyau qui pendouille d'un arbre, caché par une bâche tendue entre les troncs et d'où sort l'eau de l'étang. Elle est fraîche, mais pas glaciale. Le luxe.

Il est dix heures. Le chronomètre s'arrête.

Une armée de zombies boiteux se rassemble sous le grand chapiteau pour la remise des prix. Un par un, ils sont appelés par leur nom et se rendent sur leurs jambes raidies jusqu'à la table des trophées : des boucles de ceinture, des plaques gravées, des verres commémoratifs.

Finalement, les dix premiers hommes sont invités à se rendre sur le devant de la scène. Poignées de main, félicitations, sourires et photos.

Tout le monde retourne s'asseoir, sa boucle de ceinturon estampillée « TOP TEN » en main.

La cérémonie s'étire encore un peu, puis se métamorphose en barbecue. À la table des Québécois, on échange nos anecdotes, puis, graduellement, chacun se prépare à rentrer. Le champ se vide de ses tentes, les amis se serrent la main, les voitures poussiéreuses quittent le site.

Plusieurs jours après, le souvenir de la douleur s'estompe déjà, les détails de la course s'embrouillent. Mais deux mots, entendus à répétition tout au long de cette longue journée, résonnent sans cesse dans ma tête : « *Good job !* »

...

LE JOUR
D'APRÈS

Après avoir grimpé douloureusement quelques sommets bien réels et m'être extirpé d'autant d'abysses imaginaires, l'arrivée est là, au détour d'un ultime virage. Je suis sur ce sentier depuis des dizaines d'heures, tout seul, puisant dans des réserves physiques et mentales jamais mises à contribution dans mon quotidien urbanisé. Avant la ligne, je cours. Après la ligne, je m'arrête. Et maintenant, qu'est-ce que je fais ?

Une fois le chronomètre arrêté, je me retrouve dans une sorte de néant. Je n'anticipe jamais l'après-course. Il y a peut-être un peu de superstition là-dedans, quelque chose qui me dissuade de mettre la charrue devant les bœufs. Pourtant, franchir l'arche représente une cassure majeure dans l'espace-temps : le mouvement perpétuel qui domine durant la course devient soudain immobilité, le voyage se mue en destination, l'obstination rend son dernier soupir. Bref, c'est le bordel.

Dans les premières secondes post-100-Mile, mon cerveau se protège de la discontinuité en perpétuant l'écho d'une obsession née durant les dernières heures de la course, alors que je m'autorise enfin à m'imaginer un avenir sans dossard. Souvent, le mot qui tourne en boucle est bière. Bière ! BIÈRE ! Parfois, si la géographie est généreuse : lac, lac, lac ! Pour y noyer le chagrin de mes mollets.

C'est aussi généralement à cet instant-là que mes amis coureurs ou des bénévoles tentent de communiquer avec moi, pour vérifier gentiment si j'ai besoin de quelque chose.

Ma réponse est alors : « Bière ! » (Ou, parfois : « Lac ? »)

Mes collègues ultra-marathoniens se portent alors à la défense de mon incohérence, bien au courant des effets que des heures d'isolement combinées à une décélération brutale peuvent avoir sur la qualité des interactions sociales.

« Laissez-lui quelques minutes pour finir d'arriver. »

Mais la fenêtre pendant laquelle la réception est possible est très courte. Quelques minutes plus tard, en effet, mon organisme se rend compte que l'effort a cessé... et entreprend sa vendetta. Si je capte maintenant les questions qu'on m'adresse, toute mon attention se focalise sur un cataclysme nouveau genre. Toutes les hormones antalgiques produites pendant l'effort? Aux oubliettes. Le corps devient émetteur d'une douleur généralisée. Tout, mais alors tout, fait mal. Même parler est pénible.

Poliment, je décide donc de me retirer dans mes quartiers. Nouvelle embûche: les muscles qui m'ont porté jusqu'à la ligne d'arrivée quelques minutes plus tôt se sont sournoisement transmutés en bois. Il me faudra un quart d'heure et des grimaces pour atteindre, avec la grâce d'un golem, ma tente pourtant intelligemment plantée à un jet de pierre de l'arrivée.

Pendant les heures suivantes, je vis une lente agonie. Après m'être laissé tomber, raide comme un pieu, sur le matelas de sol, j'essaye de trouver le sommeil. Sauf que j'ai uniformément mal. Chaque mouvement pour déplacer une jambe exige effort et grognements, pour finalement n'apporter aucune amélioration à mon confort. Et quand je reste immobile, je trompe mon insomnie en tentant de deviner l'intensité du prochain spasme qui me fera donner un violent coup de pied dans mon sac de couchage.

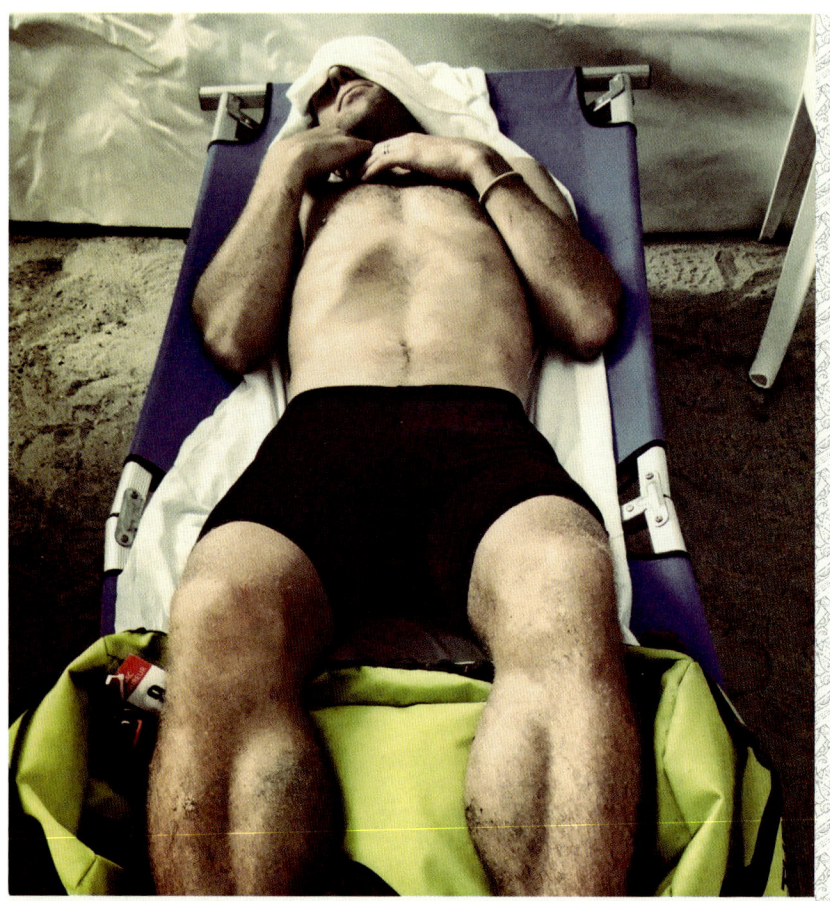

Quand, finalement, mon déficit de sommeil finit par être plus fort que toute cette agitation musculaire, c'est mon système digestif qui décide de se remettre en marche. Voyez-vous, pendant un ultra, vient pour le corps le moment de choisir où diriger le sang : vers le cerveau, les muscles ou les intestins ? La tête passe toujours en premier. Les jambes, depuis le début de la course, sont gourmandes en oxygène. Donc, c'est la digestion qui cesse. De toute façon, ce n'est pas en quelques heures que je risque de mourir de faim.

Mais une fois la course terminée, l'équilibre se rétablit graduellement et le transit reprend…

« Votre mission alors, si vous l'acceptez, est de ramper hors de votre campement, puis de marcher malgré vos courbatures de proportion biblique, en pleine nuit et sans vous prendre les pieds dans les câbles des tentes voisines, pour atteindre les toilettes chimiques. Vos intestins s'autonettoieront dans cinq minutes. Bonne chance, Jim. »

J'ai des frissons. Ce n'est pas que j'aie peur d'atteindre les toilettes chimiques en retard, ni même de tomber sur la cabine qui n'aura plus de papier. C'est plutôt une sorte de fièvre. Le corps est déjà à l'œuvre, en train de réparer les dégâts causés par plus d'une vingtaine d'heures d'effort continu. Pour mieux faire, il monte le thermostat pour combattre l'inflammation. Vendetta, version bombe incendiaire.

C'est donc en déficit majeur de sommeil, le cerveau embrumé par la douleur, le côlon fâché, les muscles lignifiés et les vêtements trempés de sueur que je dois reprendre la route. Si j'ai parfois la chance d'avoir un conducteur désigné pour raccompagner ma gueule de bois jusqu'à Montréal, la plupart du temps, je suis mon propre chauffeur. Mais pourquoi une telle précipitation à retourner au bercail? Demain, c'est déjà lundi et je travaille, moâ, môssieur!

Ces heures prématurément passées au volant sont récompensées par une nuit dans un lit confortable. Pour gagner le droit de me coucher, je dois d'abord résister aux assauts des enfants qui fêtent mon retour en se jetant dans mes bras.

« (Aïe!) Moi aussi, je t'aime. (Ouch!) Non, je ne te porte pas dans les escaliers! (Humpf!) Peux pas. »

Une fois allongé, je dois composer avec mon système qui n'a pas encore fini d'expérimenter avec les accès de fièvre et à la transpiration incontrôlable qui vient avec. La malaria du coureur de fond. Mais la question qui me taraude, c'est le choix de mon moyen de transport pour me rendre au boulot le lendemain matin.

Courra, courra pas?

C'est pourtant simple : je préfère traîner ma carcasse sur 10 km plutôt que de poser mon fessier meurtri dans un véhicule. Il faut juste que je trouve une paire de chaussures assez grandes pour accueillir mes pieds tuméfiés…

Si l'aller-retour du lundi se classe illico dans la catégorie « c'est à cet instant que Joan a compris… qu'il avait déconné », dès le mardi, je constate que les dérèglements métaboliques des derniers jours commencent à s'estomper. Les articulations s'assouplissent et les muscles, s'ils n'ont aucune réserve pour faire de la vitesse, répondent de nouveau aux commandes de base. L'appétit est encore démultiplié, la soif aussi, mais je suis apte au travail. Et comme la tablette de mon « bureau-debout » est inamovible, je suis contraint de programmer debout. J'assume.

Le jour suivant, et j'en reste chaque fois surpris, ça va… bien ! Les endorphines à pleine puissance, je flotte. Les pieds ont déjà retrouvé leur volume habituel. Chacune de mes courses biquotidiennes est plus rapide que la précédente. En une courte semaine, tout se replace et je me retrouve comme avant.

En fait non, pas comme avant. Je me suis reconstruit, mais en meilleur état.

Et ce n'est pas tout. D'un ultra à l'autre, les heures qui suivent ne sont jamais une partie de plaisir et j'ai une forte tendance à maudire ce loisir ridicule… mais force est de constater que le corps, malgré les apparences, n'est pas rancunier. Il est toujours prêt à apprendre, pour peu qu'on le bouscule. Apprendre à courir mieux, plus vite et plus longtemps, mais aussi apprendre à récupérer mieux, plus vite, plus efficacement.

Finalement, la devise du corps, c'est la même que celle du Québec :

« Je me souviens. »

* * *

RÉCURSION
« À QUOI PENSES-TU
QUAND TU COURS ? »

Il me semble que n'importe quel coureur devrait pouvoir répondre instantanément à cette question. Pourtant, surprise, je suis resté muet quand on me l'a posée. Plutôt que de dire des bêtises et, intrigué par ma propre ignorance, j'ai joué l'honnêteté. « Euh… c'est bizarre, mais je ne suis pas sûr. Je vais faire attention pendant mes prochaines sorties et je te répondrai après. »

Le soir, je suis donc parti courir pour penser à… ce à quoi je pense quand je cours. Après tout, j'ai souvent trouvé des pistes de solution à mes problèmes lors de mes courses quotidiennes. Jamais autant d'idées n'ont germé dans mon esprit que lorsque je laisse le chaos s'installer et des combinaisons inédites prendre forme. Mais expliquer concrètement comment ça fonctionne ? Voilà un défi original à soumettre à mon cortex sous endorphine !

Je repars donc courir, en tentant de laisser mes pensées vagabonder librement tout en restant conscient du processus en cours. Tu parles d'une torture ! C'est comme la physique quantique. « La mesure perturbe le système. » C'est aussi compliqué que de tenter de se souvenir d'un rêve. L'esprit du coureur ne se meut qu'en état d'inconscience. Qu'on s'en rende compte, et le processus est interrompu, abîmé, détruit parfois.

Après quelques jours d'essais, j'ai tout de même trouvé quelques réponses à fournir à mon ami… et surtout à moi-même. Souvent, les premières pensées sont consacrées aux problèmes que je laisse derrière moi en m'élançant au

pas de course, comme les soucis au travail ou les petites crises familiales, peu importe. Eh bien, tout ça est évacué en quelques minutes ! Pouf !

J'alterne ensuite de manière imprévisible entre deux états opposés. Des instants de conscience totale du fonctionnement de mon corps, pendant lesquels j'analyse le mouvement, tentant d'interpréter les signaux générés par l'effort. Mais il y a immanquablement des épisodes purement oniriques. La conscience décroche alors, et la magie se produit. Problèmes, idées, choses lues sur Internet, discussions du jour, projets personnels, anecdotes du quotidien : tout se mélange, se traverse, se combine.

Parfois, une idée jaillit de ce magma et me fait sortir instantanément de mon état méditatif. Pourquoi ? Les rêves sont en général totalement absurdes, sauf que certains sont parfois tellement réalistes qu'on se réveille en sursaut.

Le même principe s'applique quand, parmi des recombinaisons stériles, une solution inédite, concrète, applicable est identifiée. Mais, tout comme ces brefs moments de conscience nocturnes qui ne laissent qu'un très vague souvenir, le défi est de se rappeler cette idée de génie jusqu'à la fin de la course…

Quelle était la question, déjà ?

* * *

LA FOIS OÙ...
j'ai couru dans un champ de mines!

En voyage à Sarajevo, je suis allé courir au hasard dans les montagnes entourant la ville. J'ai alors aperçu un panneau prévenant de la présence possible de mines antipersonnel. J'ai tout de même continué à avancer. Le stress augmentant à chaque pas, j'ai finalement fait demi-tour en tentant de fouler exactement les mêmes brins d'herbe qu'à l'aller.

DÉMONS
ET
MERVEILLES

« **S**i tu ne travailles pas, tu ne t'entraînes pas ? »
Non, je me repose. Sauf en voyage. Là, parfois, j'explore.

Mon plan était aussi simple que la géographie de cet endroit. Partir à l'aube pour éviter la chaleur, courir selon une ligne droite vers l'est, franchir les obstacles se présentant sur mon chemin, puis faire demi-tour après environ 30 minutes pour retrouver ma famille endormie.

J'ai exécuté ce plan sans dévier. Mais à quel prix ?

Il m'a fallu franchir un bras de mer dont l'eau était juste assez trouble pour que mon imagination s'emballe. Quels êtres se terrent donc dans la vase que je soulève ? Entre les deux eaux que je fends de ma nage malhabile, combien de dents dans la gueule de ces créatures à nageoires ? Et dans les mangroves ne dorment-ils pas les crocodiles ?

Il y eut aussi ces cormorans peu amènes, perchés sur des arbres aussi morts que leurs regards étaient hautains. Les grues aussi, agacées, se sont envolées une par une à mon approche, planant sur leur domaine que mes pas semblaient souiller, découpant une forme inquiétante qui évoquait le dragon, dans un ciel embrasé par le levant.

D'ailleurs, sous mes pieds, c'est la mort que je foulais. Je courais sur des millions de coquillages vides et fracturés, plutôt que sur le sable pur de cette plage mexicaine. Quelques poissons échoués, cadavres boursouflés, me forçaient à danser pour ne pas aplatir ces tristes dépouilles. Plus saisissant, ce squelette aviaire, blanchi, orné de quelques plumes grises, mais privé de crâne. Et que dire des limules,

ces monstres antédiluviens comptant bien trop de pattes et dont le sang trop bleu me fit craindre de m'être embarqué dans un voyage dans le passé de quelques centaines de millions d'années.

Bien vivantes, mais farouches et hors d'atteinte, des silhouettes trapues irritaient par leur présence ma vision périphérique. Les pieds dans l'eau, les pattes aussi fines que leur bec est énorme, les pélicans en colonie se mouvaient, attentifs à la présence de cet autre bipède, ce touriste égaré.

Plus loin encore, dans l'eau saumâtre, ils étaient là, les véritables empereurs de ce lieu où tout m'était étranger. L'astre du jour brûlait déjà, mais ses feux pourtant si puissants ne semblaient exister que pour mettre en valeur le plumage miraculeux des flamants. Ce rose d'une teinte si improbable qu'elle semble artificielle.

Il était temps pour moi de faire demi-tour. À regret, puisque ici, tout étonne. Avec soulagement, puisque rien sur cette île ne m'inspirait la moindre confiance. Jamais, jamais je ne me suis senti aussi loin de chez moi que lors de ces vacances sur les plages sauvages d'Holbox, Quintana Roo, au Mexique.

* * *

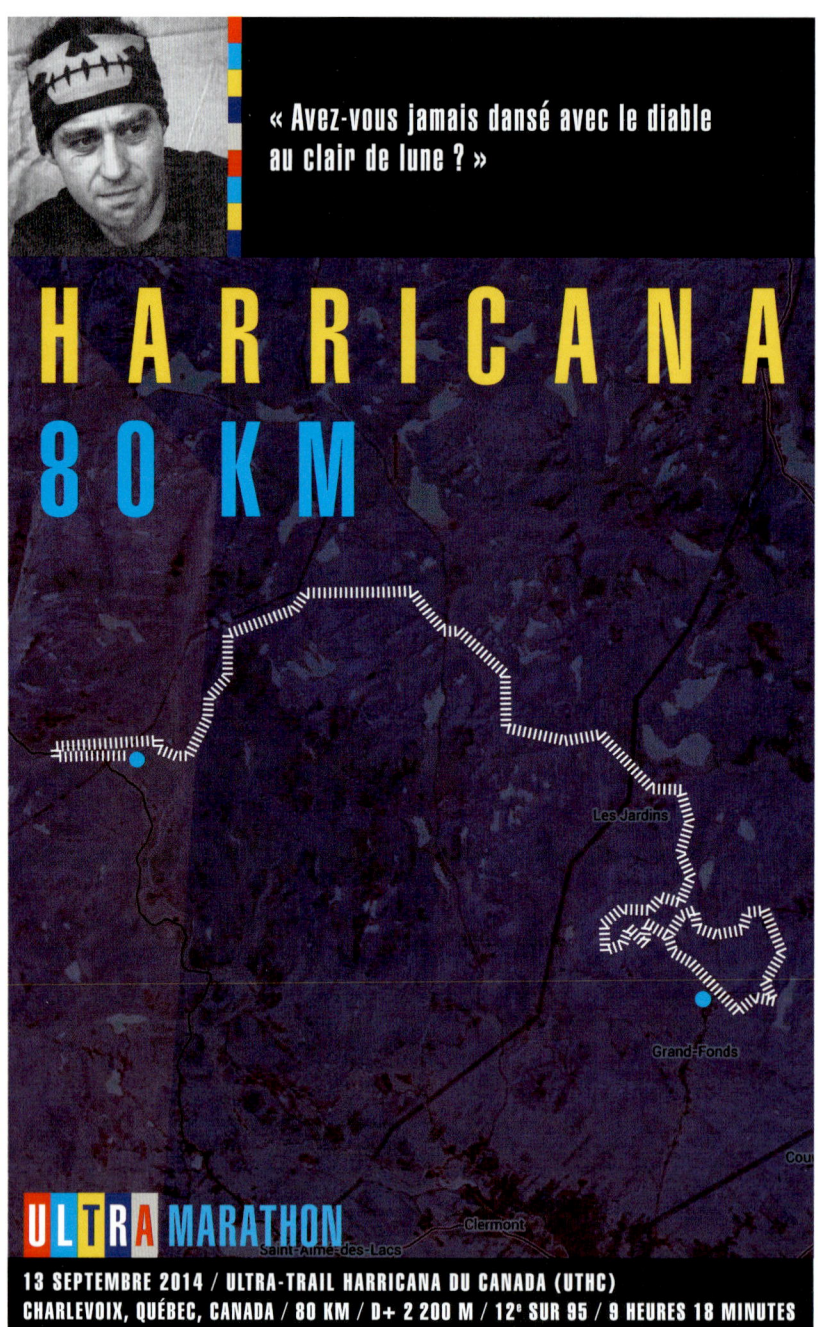

SEPTEMBRE 2014
LE CHEVALIER NOIR

« Je te préviens, si j'te rattrape, j'te botte le cul ! » Le coureur que je menace, c'est Frédéric. Il vient de me dépasser à deux kilomètres seulement de la fin du 80 km de l'Ultra-Trail Harricana du Canada (UTHC). Il a l'air surpris de me voir là, ne sachant pas que j'ai affronté quelques démons intérieurs en matinée, pour ensuite abandonner tout espoir de faire une bonne course.

Il est cinq heures, le film commence.

Un drone s'envole, son œil de verre pointé sur les silhouettes haletantes en contrebas. Le compte à rebours égrène une dizaine de secondes, puis les loups de tout poil s'enfoncent dans la nuit. Ce sont 300 histoires qui vont s'écrire, et toutes commenceront sur un sentier illuminé par un halo de lampe frontale.

Je pars, vite, accompagné de quelques autres athlètes pressés d'en découdre avec le parcours. Graduellement, nous trouvons chacun notre rythme et je me retrouve seul. Situation idéale. J'aime la solitude que procure la course à pied. Par la force des choses, je m'entraîne seul, profitant ainsi quotidiennement de deux heures de calme, exemptes d'interaction sociale. Et en compétition, lors d'un ultra-marathon, j'anticipe ce moment où l'on ne voit ni n'entend plus personne.

« N'importe quoi ! » est en train de crier Lucile en lisant ces mots. Lucile, que j'ai unilatéralement décidé d'accompagner à la sortie d'un ravitaillement. À cet instant, je venais tout juste d'atteindre la moitié du parcours quand j'ai décidé de finir cette course, de profiter du paysage et de la compagnie des autres coureurs, troquant une performance sportive pathétique contre une longue conversation dont Lucile serait la cible.

Mais revenons à ma victime du moment, Frédéric. Il n'a pas fait 500 m depuis ma dernière menace qu'il se retrouve stoppé net par des crampes. Me voilà donc qui approche en trottinant, songeant à mettre ma promesse à exécution.

Mais j'hésite. Il y a trop de témoins, car nous terminons la course en même temps que les nombreux coureurs du 10 km. Pour lui donner une chance, je réitère : « Je t'ai dit que je te botterais le cul si je te rattrapais ! » Rien n'y fait, ses jambes ne répondent plus…

Lucile, par contre, vit une course de rêve : en tête chez les femmes pour le 65 km, elle donne tout ce qu'elle a pour maintenir son avance. Moi, je parle, discute et pose des questions, bien content d'avoir de la compagnie, mais imperméable à la réalité vécue par Lucile. Trop polie, elle rassemble tout de même assez de souffle pour s'excuser de ne pouvoir soutenir la conversation que je lui impose. Heureusement pour elle, je reste tellement prudent dans les descentes techniques qu'elle nous distance, ma cheville fragile et moi.

Ma cheville ? Parlons-en ! C'est par son intermédiaire que le diable s'est invité à ma fête dès le dixième kilomètre, avant l'aube. « Avez-vous jamais dansé avec le diable au clair de lune ? » demande le Joker dans le film de Tim Burton. Sur une roche mal placée, elle plie, un peu trop, et la douleur est vive. J'évite l'entorse, mais pas la colère. La lune, de son dernier quartier blafard, me nargue, indifférente. Quelques foulées me confirment qu'il n'y a pas de dégâts, mais qu'un mauvais pas de danse supplémentaire sonnerait la fin de ma course. Je ralentis donc, attentif à chaque appui. Sauf qu'à courir moins vite après un début de course énergique, je me refroidis dans mes vêtements humides. Chaque enjambée doit être calculée et le bonheur de sillonner la forêt s'évapore.

Puis, sans aucune raison apparente, mes forces me quittent et je me retrouve incapable de fournir un effort soutenu. Après tout juste 10 km, ma course s'en va chez le diable.

Ça va mal pour Richard. Alors que j'attends que mes amis me rattrapent pour avoir de la compagnie, c'est l'inverse qui se produit. Au loin, j'aperçois Richard, qui marche péniblement. Je m'arrête à sa hauteur et il m'informe qu'une vieille, très vieille blessure est revenue. Tout comme moi plus tôt dans la nuit, il grelotte, parce qu'il ne peut plus courir. Il est presque certain d'abandonner au ravitaillement suivant, surtout qu'il ne sent plus ses mains, engourdies par le froid précoce. Je lui donne mes gants déchirés, puis nous remplaçons la marche par la course. Tout en avançant, je discute avec lui de son intention d'abandonner. Alors qu'il pensait que je n'avais aucun abandon à mon actif, je le corrige en lui faisant l'historique de mes nombreux échecs. Trop gêné par sa douleur, il m'incite finalement à poursuivre la course sans lui.

« Finira-t-il ? Et moi, je continue ? » Je n'ai pas encore réussi à m'en convaincre, même si mes pensées sont maintenant bien moins sombres qu'elles l'étaient avant l'aube. La course à pied fait tomber les filtres émotionnels et ouvre les valves des souvenirs qui se déversent alors de manière chaotique. Encouragées par mon corps affaibli, ce sont des idées noires qui se mettent à valser dans mon esprit. Je regrette de ne pas être avec mes enfants dont je m'imagine les sourires, ce qui ne me procure aucune joie, mais seulement de la culpabilité. Culpabilité de ne pas être à leurs côtés à ce moment précis.

Le lac est beau sous son voile de brume. L'aurore est là malgré un soleil bien trop timide. Je pense à ma sœur, Gaëtane, fan inconditionnelle de Tim Burton. Elle nous a quittés il y a cinq ans jour pour jour, emportée par le cancer. Sa fille, alors âgée de neuf ans, avait résumé le tout par cette formule : « Chienne de vie ! » Ma sœur m'accompagne dans toutes mes courses. Habituellement, sa joie de vivre me porte. Aujourd'hui, les larmes me montent aux yeux. En ce samedi matin, sous la lune grise de Charlevoix, je broie du noir… et le diable danse sans retenue.

La lune s'éclipse. Je refais surface, douloureusement. Physiquement, rien à faire. Mais la tête tente de reprendre le contrôle. Pour m'aider à sortir de ce gouffre, je m'invente un *alter ego,* inspiré par mon choix vestimentaire décidément monochrome et le génie du cinéma tant admiré par ma sœur. « Je suis Batman ! » Le Joker et son diable qui danse au clair de lune peuvent aller se coucher. Pour m'amuser malgré ma déconfiture, je m'imagine en justicier costumé, bien décidé à motiver mes amis à coups de pied dans le derrière, entre autres tactiques aussi égoïstes que douteuses. Cette journée n'avait pourtant pas commencé sous le signe de la violence.

Au 64e kilomètre, ça va mal pour Gautier. Non seulement je monologue sans pitié à ses côtés depuis quelques minutes, mais en plus il souffre le martyr, pris de crampes et contraint de marcher à 500 m seulement de l'arrivée de son 65 km. Ma personnalité chevaleresque m'impose de lui prodiguer des conseils dont il n'a peut-être pas besoin, mais j'aimerais vraiment qu'il termine sa course pour me permettre de poursuivre la mienne l'esprit tranquille. Il me reste à faire la boucle de 15 km qui est réservée aux coureurs du 80 km.

Gautier s'immobilise sur le chemin qui borde le stationnement du chalet d'accueil, alors qu'une musique endiablée résonne, si proche, inaccessible. Frédéric s'arrête en plein milieu du sentier et cherche frénétiquement des pastilles de sel dans son sac à dos, avec seulement deux kilomètres à faire. Je l'aide à sortir une plaquette de quatre pastilles et il se demande combien en prendre. Je lui dis : « T'as quatre jambes, non ? » Je me jette sur le côté pour ne pas bloquer l'étroit passage entre les arbres et je m'empare désespérément de l'unique barre de céréales qui se trouve dans mon sac : mes jambes sont molles, ma tête tourne et sept kilomètres me séparent encore d'une conclusion bien longue à venir. Richard entame une longue pause au ravitaillement que nous venons de

quitter, Lucile et moi, et entreprend de se réchauffer les mains sur les pots d'eau bouillante. Décidément, le diable en veut à toute la meute.

Frédéric se remet en mouvement malgré les crampes, se soustrayant ainsi à mes menaces de châtiment corporel et bien décidé à arriver au bout de la plus longue épreuve de sa carrière. Gautier passera sous l'arche non pas en marchant, mais bien en courant, malgré de sérieuses blessures endurées toute l'année. Lucile conservera jusqu'au bout sa première position, faisant taire les quelques doutes qui tournaient dans sa tête. Et Richard, progressant d'un ravitaillement à l'autre, alternant course et marche au gré de la douleur, atteindra finalement l'objectif avec une soif de revanche déjà annoncée.

Quant au Chevalier noir, cette ombre née du double souvenir d'un tueur silencieux et d'un psychopathe flamboyant, il m'a aidé à rentrer au bercail. C'est en m'appuyant sur mes amis, en leur imposant mon aide pour mieux m'extraire du fossé dans lequel je m'embourbais, que j'ai trouvé la force de poursuivre, le courage de sourire, la volonté d'apprécier l'instant présent. Au nom de mes compagnons de galère, le film se termine par un message pour ce diable qui voulait danser avec les loups : « Nous sommes Batman ! »

...

LA FOIS OÙ...
je me suis pris pour un bateau !

Au plus froid de l'hiver, le fleuve Saint-Laurent est tellement gelé que les amateurs de pêche blanche roulent en *pick-up* sur la glace. Rassuré, je me suis alors amusé à courir sur cette banquise et à sortir du port de plaisance, comme les p'tits bateaux qui vont sur l'eau, mais sur mes jambes.

149

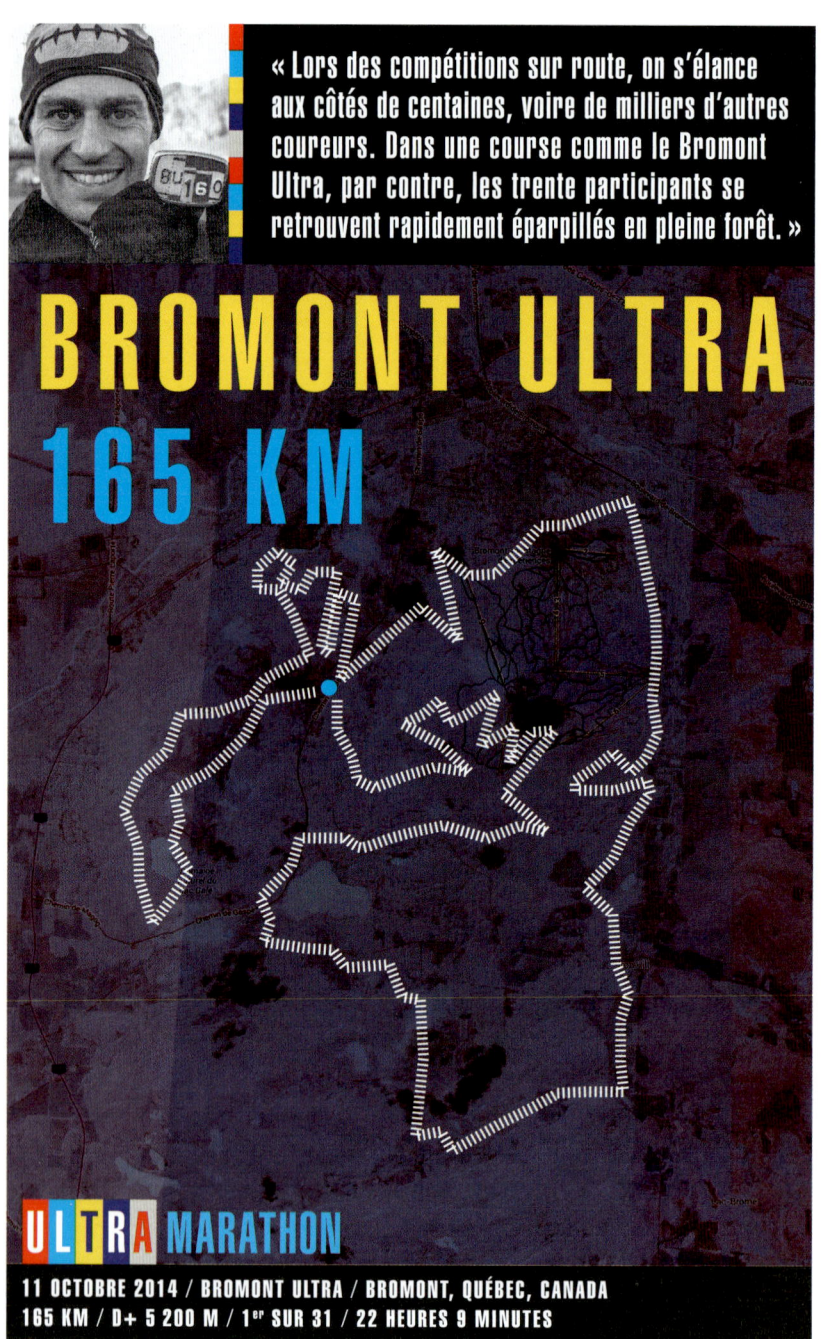

OCTOBRE 2014
TROIS SIESTES
ET UN ULTRA

Il n'y a pas moyen de dormir tranquille ici ! Mes yeux mi-clos saisissent la lueur d'une lampe frontale sur le versant opposé. Un coureur négocie lentement la descente que je viens tout juste de parcourir, alors que je luttais déjà contre le sommeil.

Il y a à peine 5 minutes que je me suis allongé là, sur place, essoufflé pour un rien, incapable de faire un pas de plus. C'est l'automne ; mon matelas est de feuilles. Si mon lit est un sentier, l'oreiller est de terre. Les arbres veilleront sur moi. Tant qu'à dormir debout, la course peut bien attendre…

Plus tôt dans la journée, je m'étonnais d'avoir oublié à quel point c'était difficile de courir 160 km. Imprévisible aussi. On se prépare rigoureusement pendant des années pour, finalement, s'offrir le privilège de perdre le contrôle. Et lors de cette première édition du Bromont Ultra, ça a dérapé tôt et ça s'est poursuivi longtemps. Tôt, comme au 30e kilomètre, soit exactement au même endroit que ma sieste improvisée, mais 10 heures plus tôt, lors de ma première boucle de 80 km. L'ascension y est si brutale que seules les racines saisies à pleines mains permettent de se hisser lourdement un peu plus haut.

Lors de ma première visite de cette section verticale, donc, ce sont les crampes qui m'avaient pris par surprise : je ne souffre que rarement de ce mal et jamais en début de course. Imprévisible, disais-je. Et inquiétant compte tenu de l'ampleur de ce qui restait à parcourir. Mystérieusement, alors que j'avançais piteusement comme un crabe, les crampes s'étaient évaporées… pour mieux m'envoyer à l'horizontale au détour d'un sentier inoffensif trois heures plus tard. Étendu sur le dos dans l'herbe mouillée d'un pré, trahi par mes jambes et tétanisé par la douleur, l'abandon semblait alors inévitable.

J'avais déjà entendu parler de coureurs qui dormaient en pleine course : 15 minutes d'arrêt pour mieux rebondir. Pour moi qui résiste très bien au manque de sommeil, je trouvais ça plutôt comique comme stratégie. Oui, aussi drôle qu'un sportif de salon qui engueule les joueurs de son équipe favorite à la moindre maladresse. Mais, loin du confort du canapé, de l'autre côté de l'écran, quand l'épuisement s'abat sur toi, les comportements étranges des ultramarathoniens deviennent soudainement compréhensibles, logiques. Une sieste ? Et pourquoi pas !

C'était sans compter sur mon poursuivant, révélé par sa lampe frontale. Mon expérimentation aura été de courte durée, mais je n'ai aucune envie de me faire dépasser, un peu comme le lièvre de la fable, poursuivi cette fois par un athlète qui n'a rien de la tortue. Je me relève, péniblement, et reprends ma route, tout aussi péniblement. Je comprends très vite que l'adrénaline de la compétition ne règle nullement mon problème. Lorsque j'arrive à un poste de ravitaillement constitué de quelques bidons et d'une table, je suis hagard. J'aperçois une chaise pliante. Je m'assois, pose ma tête sur mes bras et je m'assoupis. Peut-être que le coureur qui vient vers moi me réveillera en passant.

Allongé dans mon pré, les jambes raides comme des pieux, je ne trouve aucun moyen d'étirer les muscles coupables. À me tordre de douleur, l'eau de pluie fraîchement déposée sur l'herbe haute me procure par contre un soulagement inespéré. Pour accélérer le processus, je prends

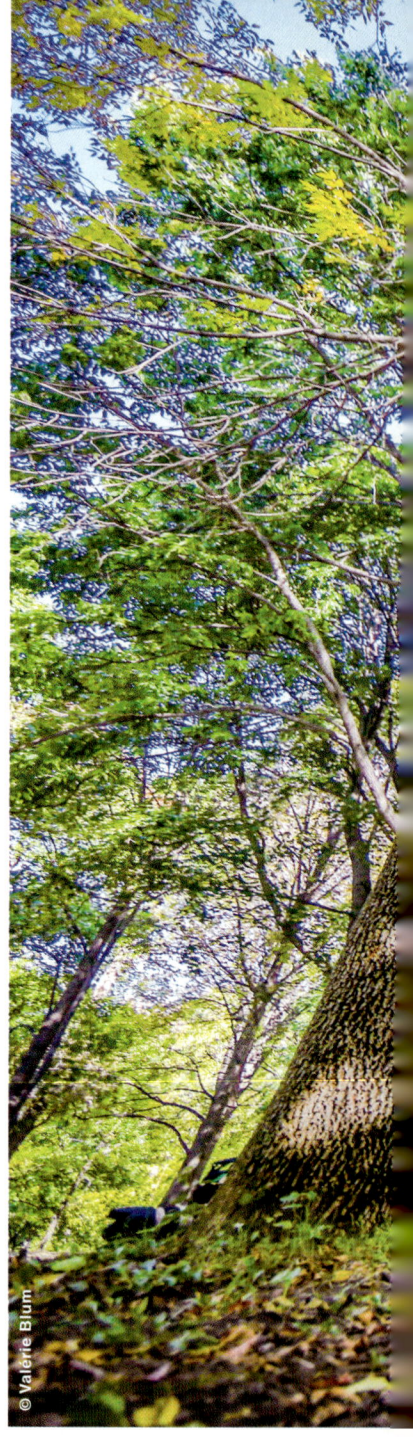
© Valérie Blum

des poignées de feuilles mortes et détrempées et les plaque sur mes crampes. Ce cataplasme bio repousse l'ennemi en quelques secondes et je retrouve un semblant de mobilité. Quelques pas à la Frankenstein plus tard, les muscles se délient et la foulée normale revient. L'envie d'abandonner m'abandonne. Il reste 100 km à faire.

Il est vingt-deux heures lorsque je sors de ma torpeur et relève la tête. Un peu plus haut dans les bois, la lampe frontale qui me pourchasse est là. Elle s'agite un peu, mais n'a vraiment pas l'air de se mouvoir rapidement. Celui qui la porte semble lui aussi au bout du rouleau. Moi, par contre, après un quart d'heure de sommeil, je me sens mieux. Pour être passé par le même endroit, une longue boucle plus tôt, je sais maintenant que les 15 prochains kilomètres seront sur route, ce qui ne me dérange pas du tout, contrairement à bien des *trailers*. Alors, je fonce.

L'euphorie sera de courte durée, cependant.

La course est un sport solitaire. En général, on s'entraîne seul, semaine après semaine. Lors des compétitions sur route, par contre, on s'élance aux côtés de centaines, voire de milliers d'autres coureurs, et l'effet de meute nous pousse souvent à battre nos records personnels, inaccessibles quand nous sommes livrés à nous-mêmes. Dans une course comme le Bromont Ultra, par contre, les trente participants se retrouvent rapidement éparpillés en pleine forêt et ne peuvent compter que sur leur propre détermination pour avancer coûte que coûte des heures d'affilée. Par contre, cet isolement n'est qu'apparent, puisque l'organisation d'un 100-Mile repose sur le travail de centaines de bénévoles.

Encore une fois, j'arrive complètement brûlé au ravitaillement nommé Impérial, installé dans une résidence privée. Les bénévoles qui n'ont vu personne depuis des heures me réservent un traitement impérial justement, dont je profite au maximum. Assis sur une chaise au coin du feu, je me fais servir un café, des biscuits, des chips, des bonbons, des fruits. Bref, tout le buffet m'est offert dans une assiette en carton qui, dans les circonstances, a tout d'un plateau d'argent. En discutant, je demande si quelqu'un a la moindre idée du temps qui me sépare des suivants. Je suis en tête depuis le départ et, excepté la lampe frontale que j'aperçois pendant mes siestes, je n'ai aucune idée de la performance de mes concurrents. Les appels à la radio ou au téléphone ne donnant aucune réponse précise, deux bénévoles sautent dans une voiture pour aller voir directement si quelqu'un d'autre approche.

En attendant le résultat de leur expédition, j'apprends qu'il y a un sac de couchage dans le garage de la maison. Après m'être étendu dans un sentier et affalé sur une table, l'idée de faire une troisième sieste dans des conditions civilisées est irrésistible. Je demande qu'on me réveille dans 15 minutes et je me débranche.

Lors de mon premier 100-Mile, j'avais vaillamment repoussé le sommeil à coup de cafés tièdes dès la fin de l'après-midi. Ça avait remarquablement bien fonctionné, puisque j'avais couru pendant presque 26 heures sans ressentir le besoin de dormir une seule fois. Même chose pour le seul café pris lors du 120 km de l'Ultimate XC qui m'avait donné l'élan nécessaire pour combattre le grand coup de fatigue reçu à trois heures du matin. Pour le Bromont Ultra, j'avais donc commencé à prendre de la caféine avant le départ et repris des doses de café noir le plus souvent possible. Mais, en cette glorieuse journée d'automne, la formule magique ne fonctionnait pas.

À quoi bon avoir une bonne nuit de sommeil si c'est pour afficher une tête de déterré au tiers de la course ? Bah, avoir une sale gueule pendant un ultra, ce n'est pas bien grave.

Par contre, lancer une chaussure quelques mètres en contrebas du sentier et se retrouver un pied nu dans le bois, c'est un peu plus gênant. Mais c'est ça qui arrive quand on est en légère perte de lucidité et qu'on décide de sortir les débris de l'intérieur de sa chaussure en la frappant contre un arbre. Oh, comme j'aurais aimé voir l'expression de mon visage quand ma belle godasse rouge s'est envolée, sa trajectoire illuminée par le faisceau de ma lampe frontale ! Après quelques secondes d'insultes silencieuses, je descends le talus pour récupérer mon bien. Qu'est-ce qu'on s'amuse pendant un 100-Mile !…

Juste avant l'expiration de mon quart d'heure de repos, on s'agite parmi les bénévoles. Un coureur approche ! En fait, il marche et, d'après les deux éclaireuses qui reviennent de leur mission de reconnaissance, il compte même abandonner. Je sors de mon sac de couchage à temps pour accueillir Thibaut qui, effectivement, a vu des jours meilleurs. Nous avons couru les deux premiers kilomètres ensemble, puis il m'avait laissé partir devant. Je lui avais alors dit : « À tout à l'heure ! », conscient qu'il était de taille à me dépasser dans cette épreuve. Ma prophétie se réalise donc, 106 km et 14 heures plus tard. Je laisse Thibaut réfléchir à la suite de sa course et je m'élance vers l'enfer des pistes de ski et les labyrinthiques sentiers de vélo de montagne. Avec des piles qui flanchent.

Si les crampes, les siestes et les chaussures volantes sont des nouveautés à mettre au tableau du Bromont Ultra, mes problèmes d'éclairage sont chroniques. Pourtant, j'avais apporté trois frontales, des piles de rechange et une lampe de vélo dans ma poche. La malédiction a frappé quelques instants après le coucher du soleil. La première lampe, passée autour de la taille, s'est mise à clignoter juste après avoir été allumée et ma lampe de vélo, d'habitude surpuissante, aurait eu du mal à rivaliser avec une bougie. Note à moi-même : ne pas laisser les enfants jouer avec mon matériel dans le sous-sol (et, systématiquement, changer toutes les piles par précaution). Les deux autres luminaires devraient donc tenir toute la nuit. Si, au départ de la course, j'espérais franchir la ligne d'arrivée en 18 heures, je sais maintenant que le parcours est bien plus féroce qu'on l'avait annoncé et que mes chances de finir avant l'aube sont faibles. Comme mes piles, tiens.

Pour une quatrième fois en autant d'ultra-marathons nocturnes, je suis confronté à la possibilité de me retrouver trébuchant dans l'obscurité. Les bénévoles arriveront-ils à me dépanner ?

L'attrait majeur de cette course est sans conteste les couleurs spectaculaires de l'automne québécois qu'elle nous permet d'admirer. Mais qui dit feuilles mortes, dit sentiers difficiles à discerner, à moins que quelqu'un de très dévoué ne se charge de les nettoyer avant l'arrivée des compétiteurs ? Et c'est bien ce qui a été fait à Bromont par des bénévoles qui ont sillonné les chemins proches du camp de base, en portant des souffleuses sur leur dos pour nous aider à trouver notre route sans encombre, de jour comme de nuit. Les petits miracles réalisés par les organisateurs de la course et leurs équipes sont trop nombreux pour être énumérés. Tous les coureurs le savent, alors on les remercie du mieux que l'on peut, par des paroles ou simplement un sourire.

Ma nuit est donc mal illuminée. Bien lunée, par contre, avant que la brume ne se lève. J'ai déjà modulé l'intensité de l'éclairage et alterné l'utilisation de mes deux lampes pour économiser les piles. En arrivant au ravitaillement du lac Bromont, je réussis à me procurer trois piles de rechange et à passer commande d'une autre recharge qui m'attendra à la station suivante. Feuilles soufflées, buffet à volonté, livraison de piles ! Difficile après ça de dire que la course est un sport individuel.

Solitaire, par contre, j'espère l'être jusqu'à la ligne d'arrivée. Chaque fois que c'est possible, je demande aux bénévoles s'ils ont des nouvelles des autres coureurs. Mais chaque réponse ne fait qu'ajouter à la confusion. Thibaut a abandonné, ou pas. Il est suivi par Martin ou Pierre ou Louis. Martin aurait abandonné, tout comme de nombreux autres avant lui, mais un coureur non identifié se trouve à 45 minutes derrière moi. À moins que ce soit 2 heures, c'est selon. C'est peut-être un des participants du 160 km en relais ? Aucune idée. Dans le doute, je profite de mon état d'éveil retrouvé pour essayer de creuser l'écart. Je suis rapidement déçu. À flanc de montagne, au plus noir de la nuit et seulement une demi-heure après avoir quitté le ravitaillement, j'entends des cris et des applaudissements en contrebas. Celui qui est derrière moi aurait donc réduit son retard de 15 minutes, tout ça entre deux stations séparées de seulement 5 km.

Malheureusement pour lui, il est peut-être une heure du matin passée, mais je suis plus opérationnel que jamais dans cette course. À bien y penser, c'est un peu comme si tout s'était déroulé à l'envers : les siestes ont fini par faire effet, mes crampes se sont volatilisées et mes deux lampes fonctionnent enfin à la perfection. Mais je n'ai pas le temps de penser, il reste 42 km.

On me demande souvent pourquoi je cours des ultra-marathons. Je me pose souvent moi-même la question, mais je ne trouve jamais la même réponse. Malgré tout, toutes les versions sont vraies. Quand on se présente sur la ligne de départ d'une course de ce type, la seule garantie qu'on a, c'est l'inconnu. Avec l'expérience qui grandit, il semble y avoir une autre constante : à un moment donné, alors que rien ne l'annonce, toutes les pièces du casse-tête s'emboîtent. Quand ça arrive, les kilomètres derrière moi n'existent plus, les kilomètres devant moi fondent, le temps n'a plus d'emprise, la notion même d'effort n'a plus cours. Je flotte le long du sentier, un rêve éveillé, une chimère qui finit cependant par toujours s'évaporer. Ce moment de grâce, cette nuit-là dans les sentiers de Bromont, il m'a porté pendant quelques kilomètres, dans les pentes qui descendaient du sommet des pistes de ski. C'est pour vivre un tel instant que je cours des ultra-marathons.

Évidemment, ce moment est éphémère. J'ai souffert comme il se doit pendant les derniers 30 km et c'est en grimaçant que je me suis présenté sur le chemin qui allait conclure ma course. Le sourire m'est vite revenu, toutefois, quand j'ai aperçu la haie d'honneur que les organisateurs avaient improvisée pour m'accueillir.

Je me suis engouffré dans le tunnel formé par les spectateurs, les bénévoles et les amis qui m'attendaient, un tunnel qui s'ouvrait juste à temps pour me laisser passer… ou presque. Je me suis pris une baffe en pleine gueule, juste avant de franchir l'arche, un bras s'étant levé une fraction de seconde trop tard.

Rien pour effacer mon sourire, cependant, ni la satisfaction d'avoir terminé un autre 100-Mile.

...

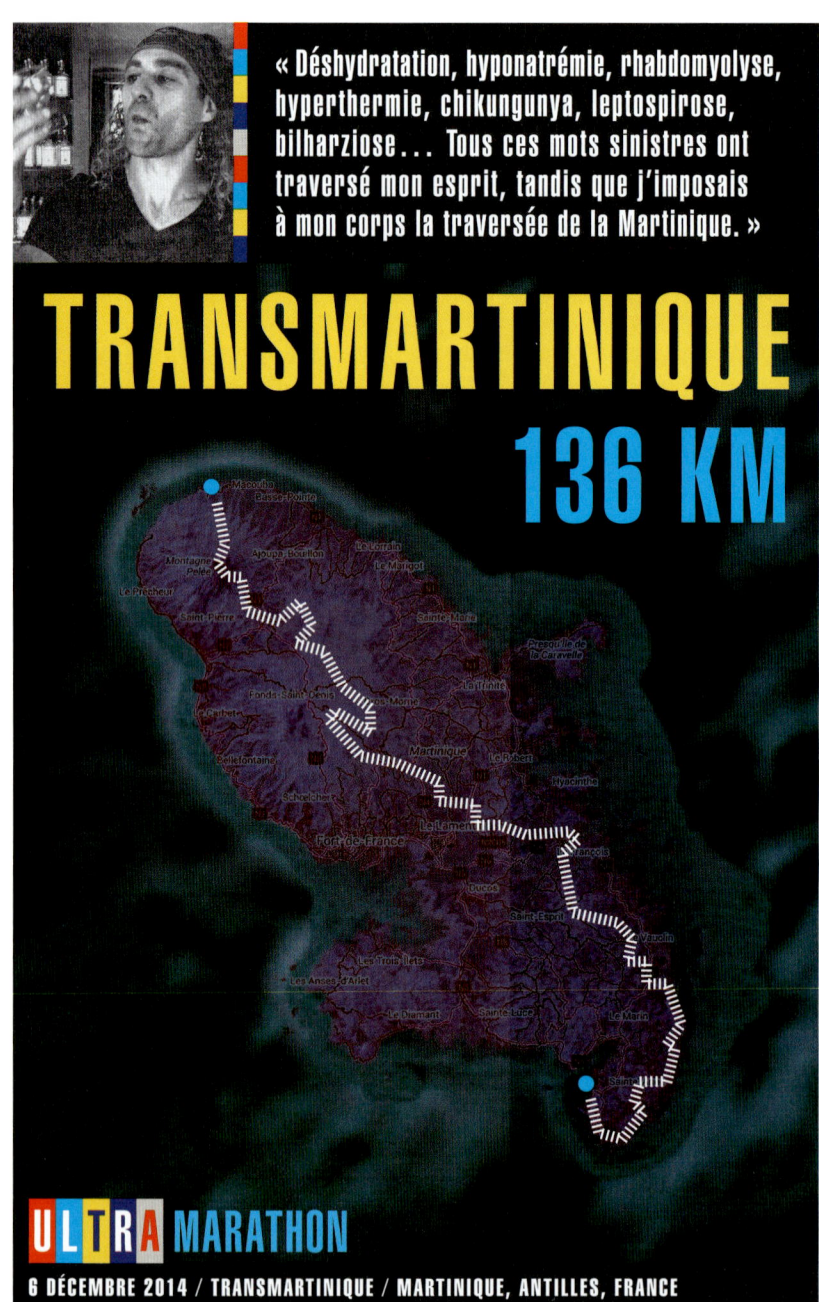

DÉCEMBRE 2014
DANS LE SILLAGE
DE WIDY

Silhouette longiligne, allure féline, barbe et cheveux en *dreadlocks*, sourire discret et accent créole. Si je n'arrivais pas à me remémorer son nom, j'avais repéré ce personnage dès le jeudi précédent, pendant la réunion d'avant-course et la présentation des favoris. Il en faisait partie, en tant que figure légendaire du trail antillais et ancien vainqueur de la TransMartinique.

Sur son dossard, c'était écrit : Widy - 22 - Guadeloupe. Je ne savais pas encore que j'allais lire et relire ces quelques informations pendant des heures, jusqu'à la conclusion de cette diagonale.

« Si tu me laisses finir de manger, je ferai quelques foulées avec toi. »

Il marchait alors sereinement, sa petite gourde estampillée « Swaf ? » remplie d'un mélange mi-eau mi-Coca dans une main, une banane de la Martinique dans l'autre, ramassée au ravitaillement que nous venions de quitter quelques secondes auparavant. Avec encore près de 60 km à faire, aucune urgence ne m'incitait à reprendre tout de suite le pas de course. C'est donc sans hésitation que j'ai accepté l'invitation du rasta.

De toute façon, il fallait que je me change les idées. Déshydratation, hyponatrémie, rhabdomyolyse, hyperthermie, chikungunya, leptospirose, bilharziose... Tous ces mots sinistres ont traversé mon esprit, tandis que j'imposais à mon corps la traversée de la Martinique.

Il y avait aussi le mot « testostérone », comme dans :

« Y'a d'la testostérone ici ! »

La veille, ma femme constatait très justement qu'il n'y avait pratiquement que des hommes parmi les apprentis transmartiniquais qui s'installaient pour quelques heures de sommeil sur le sol carrelé d'une grande salle à Grand-Rivière. Des dizaines de mâles tentant de camoufler leurs inquiétudes, de comparer la longueur de leurs bâtons (de marche) et de vérifier une ultime fois la présence du matériel obligatoire dans leurs sacs à dos.

Au moins, c'était de la testostérone souriante qui coulait. D'une variété sympathique qui, par exemple, donne lieu à une demande en mariage sur la ligne de départ quelques minutes avant le lancement de la course.

En parlant de course, que de talents rassemblés ! Les favoris sont d'un calibre international et la rivalité, si elle reste amicale, n'en est pas moins réelle.

« Erik (Clavery) a les crocs ! » résume Florent Bouguin à propos du vainqueur de l'édition 2013.

Sauf qu'Antoine Guillon veut reprendre son titre. Et Stéphane Brogniard, le visage un peu fermé par la nervosité, ne s'entraîne-t-il pas sur place depuis un mois pour finir sur le podium ? Quant à Florent, lui aussi cache derrière son sourire éclatant une soif d'en découdre avec les meilleurs. Autant de chefs de meute potentiels. Souriants, oui. Ambitieux, aussi. Il y a de l'hormone dans l'air tropical.

Quelques instants plus tard, au pied d'un volcan et sous une lune parfaitement ronde, tous ces hommes (et quelques femmes) s'élancent sur les flancs de la montagne Pelée, grandiose dans son indifférence haute de 1 300 m. Celui-dont-j'allais-finir-par-retenir-le-prénom est également dans le groupe de tête, tandis que moi, j'anticipe les pentes à 40 % du sommet, grade inconnu pour mes quadriceps.

« Ce n'est pas pour te faire peur, juste pour te préparer mentalement, mais la prochaine montée est raide », me dit-il.

Comment est-ce possible ? Il me semble que ça grimpe déjà raide, sans relâche, depuis une heure. Mais Widy connaît bien le parcours pour l'avoir déjà fini trois fois. Intérieurement, je me décompose en entendant cet avertissement. Extérieurement, je réprime tant bien que mal un geignement, mes jambes me faisant souffrir comme jamais encore elles n'avaient osé le faire. Le pire, c'est qu'il ne parle pas de la grande Pelée qui me faisait si peur, mais d'un obscur chemin de croix. Un calvaire, au sens propre, figuré et vertical.

La Pelée, elle m'a quasiment déçu. À peine une heure et demie après le départ, j'arrive au cratère. Déjà ? L'absence totale de nuages et la lumière de la lune me confirment que ce n'est pas un piège. Rien au-dessus, la caldera en contrebas : je suis bien au sommet. Le principal obstacle de la TransMartinique est déjà vaincu. Facile, me dis-je ! Quelle erreur grotesque. La Pelée s'amuse à attendrir un peu nos muscles, avant de nous jeter en pâture à ses nombreux enfants : les mornes.

Me voici donc 12 heures après avoir dominé Maman-Volcan, contraint de prendre une pause, les cuisses dévorées par les enfants-pitons du centre de l'île. Qu'ils soient coiffés d'une forêt tropicale, comme Morne Lorrain, Morne des Olives ou Morne Rouge, ou qu'on les escalade par la route, comme Morne Valentin, ils présentent tous la même particularité. Plus on monte, plus ça monte. Raide. Aucune exception. Aucun répit.

Dans leur version forestière, les mornes ont au moins la politesse de nous rendre le sommet invisible. On monte sans jamais savoir quand ça va finir. Le problème, c'est que cette végétation tropicale est toute molle. Pas moyen de se fier à elle pour se hisser lorsque les sentiers glissants se redressent, conspirant avec la gravité locale pour te renvoyer d'où tu viens. Alors que je perds l'équilibre, j'agrippe par réflexe ce qui se trouve à portée de main. Une feuille géante… capable de résister à un ouragan, mais pas du tout à l'agression d'un bipède déstabilisé. Et cette branche ? Non, c'est une liane et elle me suivrait dans ma chute. Un tronc ? Non, un bambou, bien trop flexible pour toi, poids lourd. Un arbre, un vrai ? Pas de chance, celui-ci est pourri et il se déracine au complet, alors que je prends appui sur lui.

Las de cet environnement uniformément mou, je décide de me saisir de mes bâtons de marche. Malédiction ! Il ne m'en reste qu'un. Le morne, sournois, a trouvé le moyen d'en avaler un, profitant sans doute d'un de ces passages sous un arbre renversé pour le détacher de mon sac.

Les mornes urbains, par contre, ne font pas dans la fourberie. Tout y est rectiligne, franc et sans artifice, comme ces routes qui y montent par le chemin le plus direct. Aucun virage ne vient adoucir l'ascension, ce serait inesthétique.

Les habitants des maisons accrochées aux parois compatissent depuis leurs perchoirs.

« Courage, courage ! »

Parfois, je ne vois même pas qui m'adresse la parole, alors qu'ils sont confortablement installés sur leurs fauteuils derrière une haute palissade. Faute de contact visuel, je remercie la voix et je continue à mettre un pied plus haut que l'autre. Jusqu'à n'en plus pouvoir.

Je suis assis sur un muret en bord de route, le visage dans les mains et la testostérone vexée, quand Widy me rejoint et que notre duo se forme. Après avoir répondu à son invitation au sortir du ravitaillement une heure auparavant, nous avions effectivement fait quelques foulées ensemble, mais plus rapide que lui sur le plat, j'avais pris le large, profitant des routes de terre sillonnant les plantations de bananes… pour m'échouer rapidement dès la reprise des dénivelés.

Quittant mon muret, je me mets à marcher dans le sillage du sage. À petits pas mesurés, économiques, mais implacables, Widy - 22 - Guadeloupe me montre comment me sortir des griffes des rejetons de la Pelée. Mieux encore : de son œil de lynx toujours à l'affût, le vétéran aperçoit, loin au-dessus de nous, un couple de coureurs.

« Inutile de paniquer. Si on avance bien, on peut les vaincre », me dit-il.

À dos de morne, imperceptiblement, nous passons à l'offensive. Aucun signe extérieur ne peut témoigner de cette transition vers le mode coureurs-prédateurs. Le changement n'est qu'intérieur, mais capital : il vient de nous trouver des proies.

C'est donc en tant que chasseurs que nous arrivons au pied du Calvaire, un chemin glissant menant droit au ciel et entièrement bordé de cordes pour permettre aux pénitents, comme nous, de se hisser d'une croix à l'autre, mus autant par nos muscles que par le désir de gagner une position dans ce classement arbitraire que les garçons, jeunes ou vieux, affectionnent.

Et ma place dans la hiérarchie, je la surveille depuis le début de la course. Au premier pointage au sommet de la montagne Pelée, j'étais vingt-septième. À partir de là, j'avais élaboré un plan en fonction de mes forces et de mes faiblesses : lent dans les montées, mal préparé aux sections techniques, mais relativement rapide sur le plat même après avoir franchi la barre des 100 km. Je m'attendais à réaliser une lente progression dans le classement à mesure que le parcours devenait moins accidenté.

J'ai aussi une arme secrète. De tous les mots à consonance négative qui m'ont traversé l'esprit durant cette course ou les autres, il y en a un qui n'a plus refait surface depuis longtemps : abandon. Inversement, je compte fortement sur les défaillances des autres, car même les meilleurs ne sont pas immunisés contre l'échec. Et je ne suis pas déçu.

« À Saint-Joseph, j'abandonne. »

C'est Pascal, quatrième position en 2013, assis sur une roche en 2014. Mauvaise journée. Je continue, pas lui. Loin devant, Stéphane est terrassé par la chaleur. Une place de mieux pour tout le monde. Lionel ne repart pas du François ? Je me retrouve quinzième. Sans coup férir, j'ai grappillé des places à chaque point de contrôle.

Mais depuis le ravitaillement du François, justement, plus aucun abandon parmi la tête de course. Tout autre gain devra se faire à la régulière. Sauf que la poursuite entamée depuis une bonne trentaine de kilomètres ne semble pas donner de résultat. Widy ne montre aucun signe d'impatience :

« Si on ne les rattrape pas, c'est qu'ils étaient plus forts que nous. »

Il est vingt et une heures et il fait nuit depuis longtemps. Finalement, au détour d'une crique, on aperçoit au loin, sur l'une des plages sauvages du sud de la Martinique, les faisceaux de deux lampes frontales. Les coureurs aperçus près de 6 heures plus tôt, alors que nous gravissions les mornes, sont enfin à portée de semelle. L'association tacite que Widy et moi avions conclue prend alors tout son sens. Sans en discuter, nous avions rapidement compris que si l'un avait la capacité de s'échapper dans les montées, l'autre le rattraperait sur le plat. Nous avions alors combiné nos forces afin de progresser plus vite que si nous avions opté pour le chacun-pour-soi.

Les deux silhouettes devant nous ne semblent pas bien vaillantes. Ils marchent, et même après avoir constaté que nous arrivons sur eux, ils ne pressent pas le pas. Alors qu'à peine une centaine de mètres nous séparent de notre objectif, Widy se tourne vers moi et chuchote :

« On ne les attend pas, hein ? »

Bien sûr que non. À la guerre comme à la guerre.

Nous les saluons au passage : « Bravo, les gars. *Tchimbé red !* », le tout prononcé haut et clair et agrémenté d'une tape amicale sur l'épaule.

Puis nous courons, en prenant soin d'utiliser notre plus belle foulée jusqu'à ce que nous soyons hors de vue. Légèrement puéril, mais très bon pour le moral ! Et Widy semble particulièrement content d'avoir dépassé le Martiniquais Stelve :

« Lui, c'était le poulain de l'île. Ils vont être surpris au prochain ravitaillement ! »

Le vieux loup, qui m'a révélé sans amertume au début de notre association qu'il n'espérait plus pouvoir remporter une telle course, n'en garde pas moins l'esprit compétitif. Ou, plus justement, il retire encore un immense plaisir à jouer avec d'autres garçons à savoir qui est le plus rapide. Sans agressivité aucune. De la testostérone souriante, je vous dis.

On doit maintenant conclure cette course. Même s'il ne reste qu'une vingtaine de kilomètres, l'effet dopant que nous procure notre progression dans le classement finit par s'estomper. Pour moi en tout cas, l'heure est grave.

Alors que nous traversons le paysage lunaire de la savane des pétrifications, je songe fortement à devenir statue de sel. Si j'étais seul, je m'étendrais pour dormir, accablé par le manque de sommeil. Mais la présence de Widy, quelques pas en avant de moi, me fournit un point d'ancrage qui me permet de rester conscient.

Je suis juste assez éveillé pour avancer. En fait, pas tout à fait assez, puisqu'au moment où je m'y attends le moins, mes orteils heurtent un obstacle invisible. La douleur aurait été une punition suffisante, mais l'effort musculaire déployé pour éviter la chute me plonge dans un état d'hyperventilation particulièrement déstabilisant. Conséquence : si je suis effectivement réveillé, je suis bien trop secoué pour courir.

En attendant que je reprenne mes esprits, Widy, toujours calme, marche avec moi de longues minutes. La répartition des rôles au sein de notre équipe me semble alors bien inégale. Je porte peut-être sur mon torse un logo de Batman, mais c'est plutôt le rôle du jeune disciple que j'occupe. Rastaman et Robin : le duo à moitié dynamique.

« Ce n'est pas un coureur, là-bas ? »

Je viens d'apercevoir ce qui semble être une lampe frontale sur la plage, pas trop loin devant nous. À l'approche de la ligne d'arrivée, l'opportunité de monter encore un peu dans la hiérarchie est trop belle. Effectivement, quelques minutes plus tard, c'est un coureur aux yeux éblouis par nos lampes que nous dépassons sans ralentir au ravitaillement qu'il est en train de quitter. Anse Prunes, le dernier arrêt avant Sainte-Anne, notre destination finale. Huit kilomètres et il vient de perdre deux positions.

Nous suivra-t-il, éperonné par l'injustice de se faire doubler de manière si cavalière ? Cette fois-ci, nous ne prenons pas le temps d'une accolade ni d'un mot d'encouragement, même pas d'un signe de tête. Nous ne lui offrons que la poussière soulevée par nos chaussures, alors que nous prenons les devants.

Mais non, il n'arrive pas à nous suivre et nous le larguons royalement en quelques minutes. Widy faiblit :

« Il faut que je marche un peu. »

C'est la première fois en sept heures qu'il me demande de ralentir. D'ailleurs, durant toutes ces heures, il n'a presque pas bu, a peu mangé, ne s'est jamais plaint de quoi que ce soit. Je jette un œil en arrière. Personne.

« Il reste combien de kilomètres ? »

Manifestement, il commence à trouver que la journée a été un peu longue.

« La musique qu'on entend, c'est pour nous ? »

Malheureusement, ce ne sont que des fêtards sur la plage. Je lui rappelle que nous devons d'abord traverser la ville pour ensuite seulement atteindre la ligne d'arrivée. Mais les informations semblent se mélanger un peu dans sa tête, victime d'une fatigue envahissante.

« Allez, on court. »

Pour la première fois, j'ai l'impression que c'est moi qui tire Widy vers l'avant. Je suis en train de rembourser ma dette envers lui, dans cette dernière section décourageante où nous espérons entrer dans Sainte-Anne à chaque tournant. En arrière, toujours personne.

« Il faut que je marche. »

Pa ni pwoblem, tant qu'on avance, ça va. Et enfin, nous quittons les chemins des plages pour faire notre entrée sur les routes goudronnées qui mènent au village. Nouvelle vérification par-dessus mon épaule.

« Merde, il nous rattrape ! »

La lampe frontale vient de surgir derrière nous. Et le gars, il court ; il ne marche pas. À ce stade d'un ultra-marathon, tout est possible. Notre poursuivant, galvanisé par la vision de deux coureurs au ralenti, a peut-être retrouvé ses jambes. Pour le savoir, il nous faut courir, courir et encore courir, jusqu'au Club Med, où se situe l'arche gonflable marquant la fin de notre TransMartinique.

« On y va ! »

Il reste environ deux kilomètres. Pause interdite. J'entraîne Widy dans mon sillage tout en surveillant notre adversaire.

« C'est bon, il ne suit pas ! »

Dans les rues de cette petite ville du sud de la Martinique, il est minuit. Nous courons sur les trottoirs au milieu des touristes qui nous encouragent. Les amateurs de ti-punch nous lancent également des félicitations depuis les terrasses des bars. Nous bifurquons ensuite sur la gauche pour rejoindre le sable de la plage que nous ne quitterons plus jusqu'à la fin.

Lumières, musique, barrières métalliques de chaque côté, ça y est : nous franchissons la ligne d'arrivée main dans la main après

21 heures et 10 minutes d'effort, dont plus de 8 heures en équipe.

Notre poursuivant arrivera 5 minutes plus tard. Widy est encore debout et il discute tranquillement. En apercevant le coureur, il va à sa rencontre pour s'excuser de l'avoir dépassé :

« C'est de bonne guerre. »

Widy, gentleman cambrioleur. Mais ça, c'est ma femme qui me l'a rapporté, car je n'étais plus en état de capter ces échanges. D'abord effondré sur une chaise, je consacrais alors toute mon énergie à me traîner jusqu'à la tente médicale voisine. J'y ai retrouvé deux autres Québécois, Florent (deuxième) et Éric (huitième *ex æquo*), confirmant l'excellente performance de la délégation venue de la Belle Province.

Après quelques contrôles médicaux de routine, je m'installe sur un lit de camp avec la ferme intention d'y rester immobile pour le reste de la nuit. Après quelques heures d'un sommeil difficile, il me faut pourtant me lever pour soulager ma vessie. Les véritables toilettes étant trop éloignées, les infirmières me conseillent d'aller faire ma petite commission sur la plage, de toute façon déserte à cette heure nocturne.

Alors que je m'exécute, une faiblesse générale et des nausées s'abattent sur moi. Je ne trouve la force que pour finir proprement ce que j'ai commencé et m'éloigner d'un mètre pour me retrouver la tête dans le sable, en boule et incapable de me relever. Mes cuisses ne soutiennent tout simplement plus mon propre poids. Ne me voyant pas revenir, les infirmières viennent me chercher sur la plage.

Je venais de traverser une île par mes propres moyens, mais on devait maintenant me soutenir pour marcher dix mètres jusqu'à mon lit. J'avais laissé mes quadriceps au Calvaire et mon amour-propre à la ligne d'arrivée. Le lendemain matin, en déambulant maladroitement au milieu des étals du marché de Sainte-Anne, j'aperçois au détour d'une étiquette artisanale la promesse de lendemains meilleurs : Pète braguette/ Redresseur de zizi !

Redresser mon zizi ? Non merci. Devenir un homme ne s'achète pas en bouteille. Pour être un grand homme en tout cas, il faut savoir conserver son âme d'enfant, jouer à la guerre, gagner, s'excuser, perdre, pardonner, en rire. Recommencer.

...

LES PIEDS DANS LES PLATS

Voilà qu'on me pose la question qui tue : « Que manges-tu le midi ? » J'espérais vraiment qu'on ne me le demande pas. Pour ne pas faire peur aux gens.

C'est que le sujet de ma conférence portait sur mes trucs et mes astuces pour me rendre au travail en courant, non sur la fréquence de mes repas. Mais évidemment, de question en question, nous en sommes arrivés à discuter sac à dos et transport du repas du midi. Comme je cours sans sac, on peut déduire que je me retrouve au bureau sans nourriture. Alors, qu'est-ce que je mange le midi ? Eh bien, rien !

Je survis à mes 430 courses et 5 000 km annuels avec seulement deux repas par jour. Et c'est totalement par hasard que j'en suis arrivé là. Chronologie d'un rythme alimentaire expérimental.

Il y a bien longtemps, en 2010, je courais deux fois et demie par semaine pour une distance moyenne de 47,39 km. Je mangeais alors sans arrêt, car j'avais tout le temps faim et mon poids moyen se maintenait autour de 75,3 kg. Cette année-là, j'ai battu tous mes records sur route et couru mon premier 80 km sans problème. J'étais donc non seulement en forme, mais en pleine progression.

Début 2012, contraint par le manque de temps, je me suis mis à courir pour me déplacer. Presque du jour au lendemain, j'ai multiplié par deux mon volume d'entraînement. Effrayé par l'ampleur de la tâche, je suis resté extrêmement attentif aux signaux envoyés par mon corps. Douleurs, fatigue, faim, soif. Mais l'autodestruction annoncée n'a pas eu lieu.

Moins spectaculaire qu'une déliquescence de mon organisme, c'est plutôt une lente métamorphose qui m'attendait. Outre les adaptations musculaires et mécaniques, mon appétit a commencé à être affecté après environ neuf mois de ce régime.

Très rapidement, j'avais déjà opté de partir à jeun le matin pour ne pas courir le ventre plein, ce que j'ai toujours trouvé particulièrement désagréable. Mais, à déjeuner en milieu de matinée après avoir pris le temps de régler les urgences au travail, j'ai constaté que je mangeais à midi par habitude, parce que tout le monde le faisait, parce que c'était la norme… mais que j'y allais sans faim.

Au diable le conformisme et vive l'expérimentation ! Bien décidé à écouter mon corps, j'ai donc mangé quand j'avais faim plutôt qu'à heures fixes, ce qui signifiait un déjeuner vers dix heures, parfois un dîner en début d'après-midi et, presque toujours, un muffin vers quinze heures. Le soir, souper normal et grignotage, et la fin de semaine, retour au rythme classique des trois repas. Cette année-là, après 4 825 km, mon poids moyen était de 75,7 kg. Il n'y avait donc eu aucune évolution notable.

Ensuite sont venues les brûlures d'estomac et les petites crises d'hypoglycémie. Au milieu de l'été 2013, mes courses du soir sont devenues pénibles, gâchées soit par une dramatique perte d'énergie ou par des reflux gastriques après seulement quelques kilomètres. J'ai essayé de vérifier si un aliment en particulier était en cause, semaine après semaine, test après test, en vain. J'ai aussi vérifié si la chaleur estivale y était pour quelque chose. Eh bien, non. Dépité, j'ai arrêté de manger ne serait-ce qu'un simple biscuit une heure avant mon départ. Puis deux heures. Puis trois. Pour finalement découvrir que je ne devais rien manger en après-midi, sous peine d'être terrassé par des douleurs stomacales à mi-course, cinq heures plus tard.

Entre avoir faim et avoir mal, j'ai préféré affronter la faim. J'ai donc établi un nouvel horaire de repas: déjeuner assez copieux vers dix heures, souper vers dix-huit heures et grignotage en soirée. Rapidement, mes fringales ont disparu, mes problèmes de digestion et de fatigue de la course du soir également. Deux repas les journées de travail, dix courses à jeun par semaine et 5 328 km plus loin, un poids moyen de 76 kg. Plus ça change…

Ah oui, c'est aussi en 2013 que j'ai terminé mon premier 160 km, franchissant la ligne d'arrivée en 25 heures et 40 minutes, sans sac, sans gel ni gourde et ne me fiant qu'aux postes de ravitaillement pour manger ou boire. Apparemment, mon régime alimentaire était compatible avec l'ultra-endurance. Bizarre, mais pratique!

À force de suivre les indices envoyés par mon corps et de constater les résultats positifs de ce régime, j'ai appris à faire entièrement confiance à mes sensations et pas du tout aux conseils répétés depuis des décennies par les publications spécialisées. J'ai attaqué 2014 confiant et déterminé à poursuivre cette expérimentation. Dès le printemps, j'ai oblitéré mon record au marathon qui datait de 2010, en passant de 2 h 58 à 2 h 48 avec un départ à jeun et sans rien consommer pendant toute la course. Fin juin, j'ai terminé seul et presque à poil une épreuve de 120 km en presque 20 heures, puis, quelques semaines plus tard, c'était au tour du Vermont 100, sans rien manger pendant les 50 derniers kilomètres. Pourquoi? Je n'avais tout simplement pas faim. Et mon poids? Comme d'habitude: 75,6 kg.

Ma routine sportive demeure la même, mais je perçois encore des changements dans mon métabolisme. Mon déjeuner typique des derniers mois était constitué d'une crêpe, de yogourt, de petits fruits et de sirop d'érable, qu'avant je dévorais avec appétit. Aujourd'hui, j'ai du mal à le finir. Et cette légère baisse d'appétit est généralisée, puisque je grignote également beaucoup moins le soir et qu'il m'arrive de sauter un repas les fins de semaine.

Le message est limpide et l'obéissance de mise : si je n'ai pas vraiment faim, inutile de me forcer à manger. À partir de maintenant, je coupe le déjeuner complet et je le remplace par du kéfir, que j'ai découvert plus tôt cette année pour me refaire une flore intestinale après un traitement aux antibiotiques destiné à combattre une infection dentaire. Je tombe donc, en semaine, à un seul repas complet par jour. On verra ce que ça donnera et j'ajusterai en fonction des signaux reçus, comme d'habitude.

L'ironie de cette expérimentation avec mon alimentation, c'est qu'il s'agit d'un sujet qui ne m'intéresse pas vraiment et auquel, malgré mes tentatives de lecture, je ne comprends rien. Pour me protéger de mon manque d'expertise, je ne me prive d'aucun aliment, mais je tente de maintenir tant la qualité que la variété et de préparer moi-même ce que je mange.

Mais rien ne peut me faire esquiver l'autre question qui tue : comment est-ce que ça fonctionne ?

J'ai bien quelques théories personnelles en tête, mais je ne les partagerai pas de peur de révéler l'étendue de mon incompétence dans ce domaine. De toute façon, j'ai beau chercher des informations fiables, mon approche n'est pas vraiment étudiée et encore moins documentée.

Parfois, cependant, je tombe sur un article instructif qui suggère aux athlètes d'endurance de courir à jeun, tous les sept à dix jours, et de s'entraîner deux fois dans la même journée, toutes les deux à trois semaines. Inutile de dire que je trouve leurs recommandations particulièrement timides.

* * *

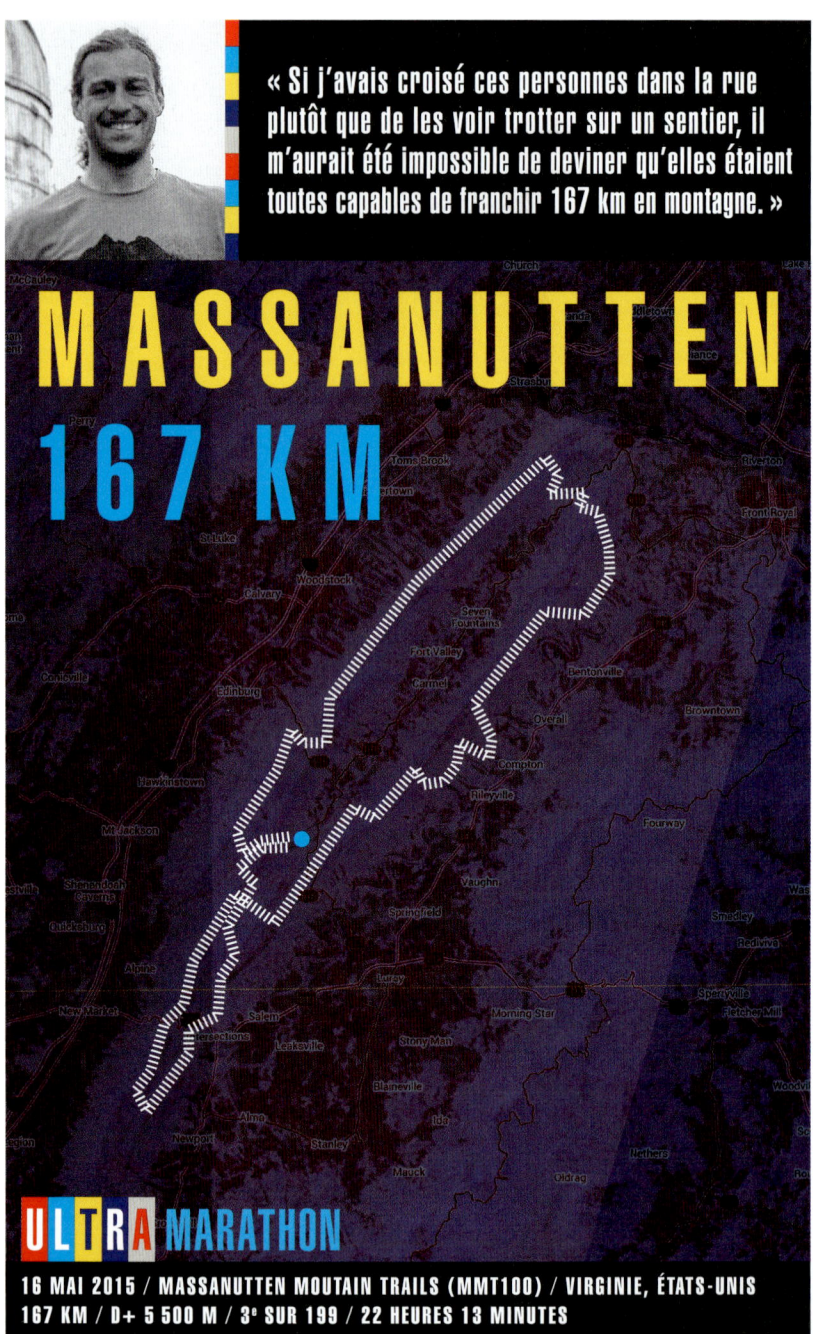

« Si j'avais croisé ces personnes dans la rue plutôt que de les voir trotter sur un sentier, il m'aurait été impossible de deviner qu'elles étaient toutes capables de franchir 167 km en montagne. »

MASSANUTTEN
167 KM

ULTRA MARATHON

16 MAI 2015 / MASSANUTTEN MOUTAIN TRAILS (MMT100) / VIRGINIE, ÉTATS-UNIS
167 KM / D+ 5 500 M / 3ᵉ SUR 199 / 22 HEURES 13 MINUTES

MAI 2015
JOAN ON THE ROCKS

Le futur a un nom et il s'appelle Gary. Je l'ai rencontré pour la première fois à l'aube de ses soixante-dix ans, un an plus tôt exactement, au départ du Massanutten Mountain Trails 100-Mile Run. Et le revoici, au départ de la même course, équipé de son inoxydable sourire, prêt à prendre le départ de cette course pour une dix-neuvième fois.

L'apercevant en pleine discussion avec d'autres coureurs venus prendre leurs dossards sous le grand chapiteau blanc, je me permets d'aller le saluer. J'attire son attention en lui donnant une tape amicale sur l'épaule et il se retourne, les yeux rieurs. À ma grande surprise, il se souvient de moi et de mon prénom, 12 mois après notre première (brève) rencontre. Seul son dos légèrement voûté trahit le passage des années. Pour le reste, le temps n'a aucune prise sur cet homme.

L'année précédente, il m'avait déjà accueilli par mon prénom, alors que j'avais été annoncé par Pat comme étant le seul Québécois à avoir décidé de conduire 900 km, de Montréal jusqu'en Virginie, pour avoir le plaisir discutable de courir sur les crêtes excessivement caillouteuses du massif de Massanutten. Ce qui aurait dû être ma deuxième course de 100 miles s'était transformée en déroute.

Même si j'ai l'impression qu'il se souvient parfaitement de ma calamiteuse performance, il me laisse lui raconter comment, terrassé par une infection dentaire, des antibiotiques et une gastro, j'avais été le premier coureur à abandonner, après quelques heures de course, dans l'aube glaciale. Je lui fais également part de mon léger désir de revanche sur ce parcours que, finalement, je n'ai pas vu.

Ce que je ne lui avoue pas, c'est à quel point il m'avait impressionné quand je l'avais vu gambader d'une pierre à l'autre, avec l'enthousiasme d'un enfant dix fois plus jeune que lui, alors qu'il atteignait le ravitaillement où j'avais décidé de remettre

mon dossard. En fait, puisque j'étais condamné à attendre la fermeture de cette station avant d'être rapatrié au point de départ, j'ai pu voir Gary et plus d'une centaine d'autres coureurs passer devant mon pitoyable moi, jusqu'au dernier participant.

Malgré ma frustration du moment, j'avais alors eu une révélation : si j'avais croisé ces personnes dans la rue plutôt que de les voir trotter sur un sentier, il m'aurait été impossible de deviner qu'elles étaient toutes capables de franchir 167 km en montagne. Des jeunes, des vieux, des hommes, des femmes, des grands, des petits, des minces, des enrobés, j'ai vu de tout. C'est alors que j'ai compris que l'unique point commun des ultra-marathoniens, ce n'est pas d'avoir le physique de l'emploi, mais la détermination de se préparer pendant des années pour se présenter à la ligne de départ, sans blessure et avec le sourire. Comme Gary le fait depuis près de vingt ans.

Bien évidemment, j'espère que mon futur me permettra de ressembler à Gary. Sauf qu'aujourd'hui, je ne pense pas à ce que je vais devenir dans 30 ans, mon avenir pour les 30 minutes suivantes étant bien trop nébuleux. Pris de vertige et nauséeux, je suis allongé sur l'une des grandes pierres plates qui constituent les sentiers du MMT100, attendant sereinement que mon malaise passe.

Après 90 km de course sans histoire, la chaleur et l'humidité m'ont terrassé. J'ai pourtant pris des précautions avant de m'élancer dans la section la plus longue séparant deux ravitaillements : j'ai bien bu, je me suis copieusement aspergé d'eau fraîche et, contrairement à mon habitude, je transporte une gourde de fortune, une simple bouteille de thé glacé offerte par les bénévoles quelques kilomètres plus tôt et que j'ai décidé de conserver, au cas où.

Ça n'aura pas suffi. Les symptômes me sont tombés dessus en quelques minutes et j'ai vite réalisé qu'il était inutile d'essayer d'avancer dans cet état. « Tant pis pour ma quatrième place, me dis-je tout en étalant soigneusement mon t-shirt sur la pierre pour protéger mon dos du lichen, mais pour le moment, je suis cuit. »

Confortablement installé à plat dos et les bras en croix, je regarde la cime des arbres et, au travers des feuilles, le ciel noirci par de lourds nuages d'orage. Je sais que je traverse le pire moment de ma course, physiquement parlant. Mais alors que mon corps est en surchauffe, je suis détendu. Je sais que ça va passer. Tout passe. Toujours.

Quelques gouttes de pluie me tombent dessus. Elles sont encore trop rares pour me sauver, malheureusement. La chaleur est encore étouffante.

Alors que je suis au plus bas, j'anticipe déjà le plaisir que je vais ressentir quand je vais de nouveau pouvoir courir. Tout à l'heure. Quand exactement ? Aucune idée. Mais je vais courir de nouveau et je franchirai la ligne d'arrivée.

Le contraste avec mon état d'esprit de la veille est saisissant. Mon dossard en main et après avoir souhaité bonne chance à Gary, je vais me coucher dans ma tente avant même la tombée de la nuit. Malgré un kilométrage un peu excessif dans les jours précédant la course, ma préparation des derniers mois avait été impeccable. Et pourtant…

« Je ne la sens pas… »

J'ai peur. Mon échec de l'an dernier me taraude. Des douleurs imaginaires parcourent mes jambes.

« Fais confiance à l'entraînement ! »

Ce débat, je le mène intérieurement, incapable de partager mes doutes avec mes deux compagnons, Pierre et Martin, des ultra-marathoniens d'expérience qui auraient pourtant su trouver les mots pour faire ressortir l'irrationalité de mes craintes.

Ce doute lancinant, s'il ne m'empêchera pas de bien dormir, je le porterai quand même durant les premières heures de la course. En fait, il me suivra jusqu'à ce que j'atteigne Woodstock Tower, ce ravitaillement où j'avais abandonné à mon premier essai.

Reconnaissant alors un bénévole avec qui j'avais partagé le privilège de voir défiler des coureurs de toutes les tailles l'année précédente, je récite une nouvelle fois ma petite histoire :

« J'étais le premier à abandonner l'an dernier. Ici même ! Mais pas aujourd'hui. »

« Oh… c'était donc TOI ! Eh bien, pour découvrir la plus belle partie du parcours, c'est par ici », s'exclame-t-il en montrant du doigt la suite du sentier.

Quand je quitte cet endroit pour affronter les 135 km inconnus qui m'attendent, tous mes doutes s'évaporent. À la station suivante, j'apprends que j'ai 15 minutes d'écart avec la troisième place. La course peut commencer.

Je me réveille en sursaut. Je regarde ma montre pour déterminer combien de temps j'ai perdu en m'endormant sur cette pierre si confortable. Une dizaine de minutes. Pas énorme, mais assez pour rêver apparemment. Décidément, j'ai le sommeil facile ces derniers temps. Premier constat : je me sens mieux. Ensuite, malgré mon arrêt complet, personne ne m'a dépassé. J'en déduis que mes poursuivants souffrent aussi de la chaleur. J'espère alors que celui qui est devant moi n'est pas épargné. Il est temps pour moi de reprendre la chasse.

L'orage arrive enfin. Si les premières gouttes sont timides, l'averse qui suit est aussi spectaculaire que salutaire. Entre ma sieste accidentelle et le ciel qui me tombe sur la tête, je suis de nouveau en état de courir. Je savoure alors ce bonheur que j'avais prédit avec une certitude aussi étrange qu'inébranlable. Suivant le sentier qui sillonne la crête de la montagne, je me dis que ce n'est peut-être pas le meilleur endroit où se trouver alors que le tonnerre résonne autour de moi. Mais je m'en moque, puisque je cours, par Toutatis !

Au ravitaillement suivant, je n'ose pas demander où se trouve le coureur qui me précède. Il reste bien trop de kilomètres pour m'imposer une vitesse qui serait au-delà de mes capacités.

Je m'engouffre graduellement dans une nuit lourde et tellement humide que ma lampe frontale en est souvent réduite à illuminer la brume qui flotte devant mes yeux plutôt que d'éclairer le sentier qui serpente à mes pieds.

Bird Knob, 132 km, trois bénévoles. Je prends place sur un fauteuil en plastique, tandis qu'on m'énumère la carte des rafraîchissements :

« Eau, Gatorade, Coke, Ginger Ale, Red Bull, café chaud, café glacé, bourbon ? »

« Bourbon ? » Oh, et pourquoi pas ? « Oui, s'il vous plaît ! »

« YEAH ! »

Il est très facile de faire plaisir à des bénévoles esseulés au sommet d'une colline en pleine nuit virginienne. L'alcool faisant tomber les inhibitions, j'ai enfin le courage de demander à quel point je suis en retard sur la possibilité de finir sur le podium…

« Dans les 30 minutes, peut-être. »

Malgré mon passage à vide monumental, je n'ai qu'une demi-heure à combler et une bonne trentaine de kilomètres à franchir d'ici la ligne d'arrivée ? Difficile, mais pas impossible. Je remercie mes trois piliers de bar et je décolle.

Oui, un véritable décollage, puisque je me surprends ensuite à voler sur les sentiers. Si, en après-midi, j'avais craint de souffrir de nouveau du malaise qui m'avait fait dérailler, je sens maintenant que rien ne me fera ralentir jusqu'à cette grande tente blanche dressée au milieu du champ, quelque part dans cette étrange vallée.

La veille – ou était-ce l'avant-veille ? Quel jour sommes-nous ? –, ce directeur de course nous avait prévenus qu'il était interdit de franchir sa ligne d'arrivée en marchant. Pour s'en assurer, il monte d'ailleurs la garde pendant toute la durée de l'épreuve, assis dans un fauteuil et armé d'un porte-voix pour nous exhorter à courir, courir, courir... notre MMT100 ne prenant officiellement fin qu'une fois qu'on lui aura serré la main.

Aucun risque que je ne marche, M. Sayers. Je vais plutôt annoncer mon arrivée en hurlant pour être sûr que les rares bénévoles qui seront présents en plein milieu de la nuit ne dorment pas, alors que je déboule de la montagne, mettant fin à cette quête entamée il y a un an maintenant.

En contrebas, le voici déjà, ce coureur qui me précède depuis toujours. Il marche lentement aux côtés de son *pacer*. Alertés par le faisceau de ma lampe frontale, ils se retournent. En fait, non, ils sont tout sauf alertes. Leur langage corporel indique la résignation. L'abandon. Alors que je fonds sur eux, ils se placent de chaque côté du sentier pour me laisser passer. Non, décidément, ils n'utiliseront pas mon passage éclair pour profiter de l'aspiration et reprendre le pas de course. Je crois leur avoir lancé un « *good job* » assassin en passant à leur niveau, mais je me suis peut-être retenu. Je ne sais plus, ma mémoire me trahit.

Le dernier ravitaillement se présente devant moi. Il fourmille de monde. En effet, cette station se situe à l'intersection d'une boucle dans le tracé et on y passe deux fois. Dans mon cas, c'est mon ultime traversée, mais pour tous les autres coureurs que je vois, ils viennent tout juste de découvrir l'endroit. Je profite de mon retour pour réclamer la bière qu'on m'avait promise quelques heures plus tôt. À ce stade, j'ai envie de boire autre chose que des boissons sucrées et, au mépris des superstitions, de célébrer prématurément la fin de ma course. Après une brève confusion, la canette est localisée et on l'apporte jusqu'à mon fauteuil. Le service est toujours excellent en pleine forêt. Et aucun pourboire n'est jamais demandé.

La bière est délicieuse, mais glaciale. Tellement que je n'arrive à la boire qu'à petites gorgées. Conscient que l'horloge continue de tourner, je me résigne à repartir sans vider la canette. J'attaque la dernière grosse montée, dépassant de nombreux coureurs plus lents, pour finalement arriver aux assiettes en plastique jaunes portant les instructions de tourner à gauche lors du premier passage ou de continuer tout droit au deuxième.

Ce sera tout droit pour moi. Et vers le bas. D'abord un sentier, puis la route, qui descend toujours. Mes jambes ne montrent aucun signe de fatigue et je dévale la pente dans un brouillard laiteux. Je reconnais le chemin que j'ai emprunté dans l'autre sens au petit matin, alors que nous venions de quitter l'arche de départ à quatre heures précises.

Quelques zigzags en forêt me font finalement déboucher dans le champ où m'attend Kevin Sayers et ses béquilles, rendues nécessaires après l'installation d'une prothèse de la hanche. Malgré son handicap temporaire, le directeur du MMT100 se sera levé pour tous les coureurs sans exception, en plus de faire la tournée de l'intégralité des ravitaillements la veille.

Comme promis, j'annonce mon arrivée en criant. Beaucoup de bruit pour rien, puisque personne ne dort. Kevin se lève, se coiffe d'un chapeau et me félicite. Les bénévoles inscrivent #162 – 22 : 13 : 22 sur la troisième ligne d'un grand tableau blanc.

C'est terminé. Ravi, je souris, surpris par ma performance.

Vraiment content de la conclusion de cette aventure, je continue de sourire tout en dégustant le festin nocturne qui m'a été offert. Mon bonheur doit sembler incongru, puisqu'une dame, installée devant les ordinateurs qui doivent communiquer les progrès des coureurs au reste de la planète, s'étonne :

« Tu as VRAIMENT l'air content ! »

Hum ? Est-ce possible de ne pas être content d'avoir franchi une telle distance ? Il faut croire que les deux premiers coureurs, arrivés bien longtemps avant moi, n'affichaient pas aussi ouvertement leur satisfaction. Bizarre. Il faudrait peut-être que je leur présente cet homme, Gary Knipling, le futur incarné.

Ah non, finalement, ce ne sera pas possible, puisque aucun des deux ne sera présent pour assister à la dix-huitième arrivée de Gary (sur dix-neuf essais), ni pour la remise des traditionnelles boucles de ceinture. Lui aussi affiche un sourire sans retenue. Alors, compte tenu de la remarque que l'on m'a faite, j'ose croire que mon avenir est assuré.

...

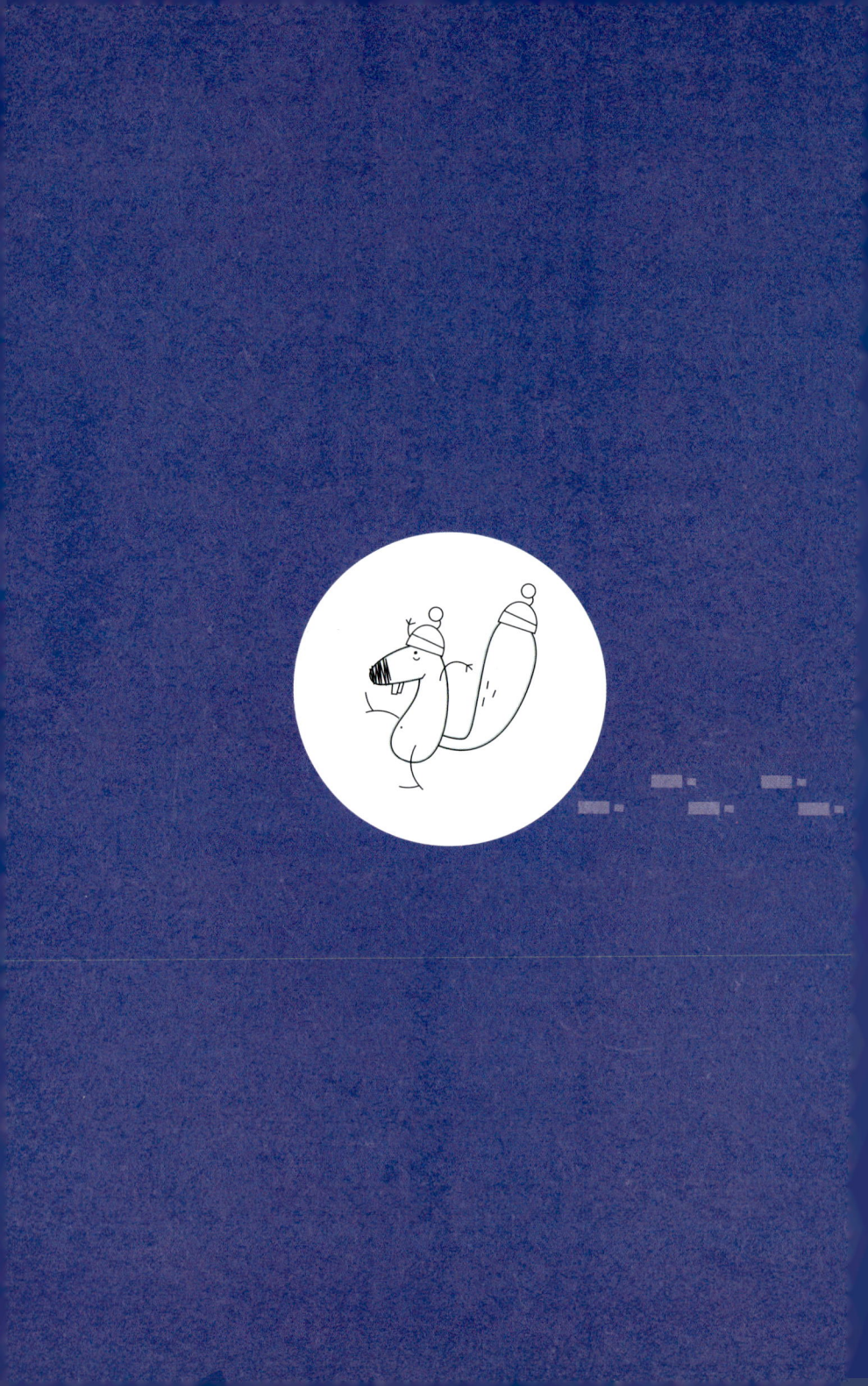

LA FOIS OÙ...
j'ai pris l'ascenseur en raquettes !

Il avait neigé toute la nuit. Avec 30 cm de neige sur les trottoirs, j'ai pu partir de chez moi et arriver au pied de l'immeuble où est situé mon bureau sans jamais devoir enlever mes raquettes. Toujours chaussé ainsi, j'ai poussé la porte et marché jusqu'à l'ascenseur, mais le bruit des griffes sur le carrelage a alerté le gardien en poste au bout du couloir. Je me suis précipité dans l'ascenseur pour lui échapper.

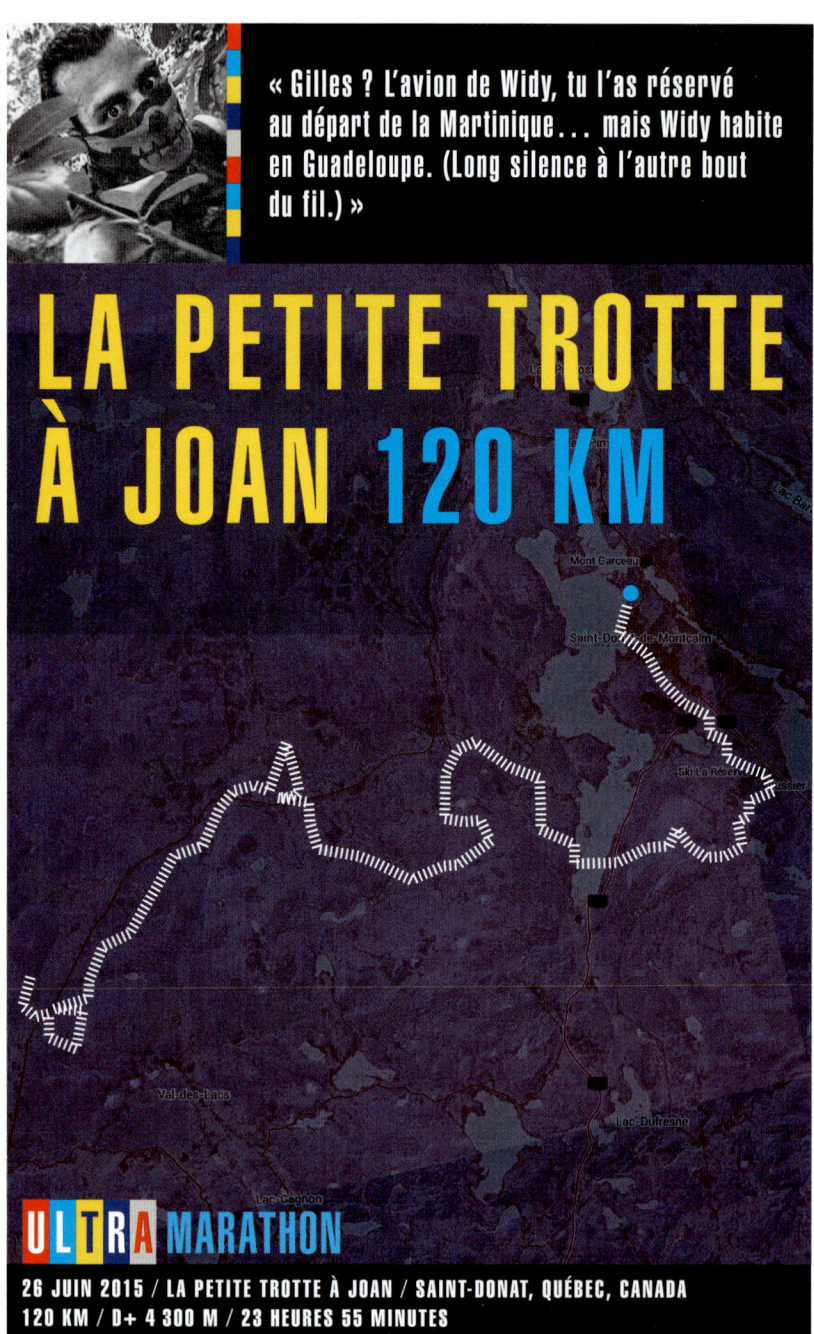

JUIN 2015
UN RASTA AU PAYS DES CARIBOUS

« Est-ce que c'est un ours ? »

Notre invité de la Guadeloupe ne semble pas trop rassuré par le cri qu'on vient d'entendre au loin dans la forêt. Pas assez loin, en fait. Je dois avouer que moi aussi, traversé d'une légère inquiétude, je scrute les arbres tout autour pour tenter d'apercevoir l'animal que nous venons d'ouïr. Mais je ne vois rien. Nos deux autres compagnons semblent en connaître un peu plus long sur la faune des Laurentides.

« Il y avait des traces fraîches de gros sabots dans la boue. C'est sûrement un orignal. »

Tant mieux. Ce n'est pas que les ours du Québec soient agressifs, mais bon.

« C'est quoi, un orignal ? »

Widy, le rasta-*trailer*, n'a manifestement pas eu le temps de se familiariser avec les grands mammifères de ce coin de la planète. Curieusement, aucun d'entre nous ne tente de lui expliquer ce qu'est cette bête. Ça pourra attendre le retour à la civilisation et aux connexions Internet. De toute façon, il ne nous reste plus que quelques heures pour conclure cette balade de 120 km, cette petite trotte qui porte mon nom.

C'est un peu gênant d'avoir une course à son nom, d'ailleurs. Ça impose de nouvelles responsabilités, comme de m'assurer que les douze coureurs regroupés dans le stationnement derrière l'hôtel de ville de Saint-Donat survivent aux longues heures qui les attendent. Au programme ? Une rivière, des marécages, de la boue, une piste de ski, des barrages de castors, des cailloux par milliers, des moustiques par millions et, peut-être, un orignal (ou un ours brun).

Pour trouver notre chemin dans cet enfer vert, de petits rubans roses sont accrochés aux arbres tous les quelques mètres. En théorie, pas moyen de se perdre. Mais…

Le principe de La petite trotte à Joan (PTJ), c'est de partir de

Saint-Donat et de courir, en duo ou en trio, les 60 km de l'Ultimate XC à rebours et en partie de nuit, puis de faire demi-tour pour un total de 24 heures ou plus, dans de rudes sentiers, ponctués de bien rares ravitaillements. Preuve que le parcours n'est pas une partie de plaisir, cette course porte mon nom pour souligner que j'avais été le premier sur neuf coureurs expérimentés à l'avoir terminé en deux ans.

En imposant que la course se déroule en duo ou en trio, on limite les risques de se tromper de chemin. En théorie, deux têtes valent mieux qu'une. Mais…

Pour ajouter à mes responsabilités, je dois également jouer le rôle de mentor. En effet, tous les vaillants coureurs assemblés en ce vendredi après-midi se préparent à courir leur plus longue distance et à passer leur première nuit blanche en sentier.

Tous, sauf mon coéquipier qui, lui, en a vu d'autres. Widy Grégo, avec qui j'ai partagé les 58 derniers kilomètres de la TransMartinique. Cette icône du trail antillais est cette année l'invité spécial de toute la communauté des coureurs québécois.

Pour le faire venir, l'organisateur de l'Ultimate XC, Daniel Des Rosiers (Lieutenant Dan pour les intimes) s'est engagé à couvrir les frais de son séjour au Québec. Restait à lui payer le transport. C'est Gilles Poulin, codirecteur du Bromont Ultra, qui a eu l'idée d'amasser des points Aéroplan pour financer le billet d'avion. Et Frédéric Berg, journaliste et auteur

d'un livre sur l'ultra-trail, a rédigé son portrait, pour présenter aux coureurs nordiques que nous sommes cet homme des Caraïbes.

Entre l'invitation lancée par Lieutenant Dan et l'arrivée de Widy à l'aéroport Pierre-Elliott-Trudeau, bien des choses auraient pu faire dérailler le projet. Comme l'erreur d'aiguillage lors de la réservation du billet d'avion. Dans la fébrilité qui a suivi l'obtention des points nécessaires au financement du vol, Gilles s'est trompé d'île.

«Gilles? L'avion de Widy, tu l'as réservé au départ de la Martinique… mais Widy habite en Guadeloupe.»

Long silence à l'autre bout du fil.

«Tu me niaises?…»

Si seulement c'était le cas.

Par chance, les deux îles ne sont séparées que par quatre heures de bateau, rien pour dissuader Widy de faire son premier voyage en Amérique du Nord en compagnie de sa femme Jackye. Ouf!

Par contre, si mon compagnon d'armes a de l'expérience à revendre dans les ultras, il ne sait pas ce qu'est une poutine, a grandement sous-estimé la férocité de nos moustiques, n'a jamais croisé d'ours et ignore tout de l'orignal. Je dois donc m'assurer de ne pas le perdre dans la forêt. Mais…

J'avance tout seul, lancé à la poursuite de tous ces coureurs que je considère comme étant sous ma responsabilité. Quelques centaines de mètres après notre départ, je leur ai indiqué le bon virage à prendre parmi les nombreux sentiers convergeant vers l'aire d'arrivée, toutes les distances offertes à l'évènement du lendemain étant universellement marquées par des rubans roses. Une fois la troupe lancée dans la bonne direction, j'ai fait demi-tour pour faire de même avec les deux marcheuses inscrites à la PTJ. Ce détail réglé, il ne reste qu'à suivre les balises jusqu'au bout du parcours.

Je cours tout seul, alors que je suis censé former une équipe indissociable avec un Guadeloupéen fraîchement débarqué de Martinique… qui a peur des ours.

Je cours tout seul, et vite, mais je ne vois personne. L'enthousiasme du départ a vraiment eu un effet phénoménal sur les autres! Pour ne pas trop hypothéquer les 115 km restants, je marche quand ça monte raide, me disant que je vais de toute façon finir par les revoir.

Je cours tout seul et vraiment, ça n'a aucun sens. Ça fait maintenant plus d'une heure que je leur cours après et que je ne vois personne. Je sais que je ne suis pas perdu, car je reconnais le terrain et les rubans roses sont vraiment partout. Pourtant, personne en vue.

Je croise alors Louis-Philippe, le copain d'Ariane, une des courageuses coureuses que je cherche à rejoindre.

«Tu as au moins 15 minutes d'avance sur tout le monde!»

Long silence à l'autre bout de mes neurones.

«Ils se sont perdus dès le départ en suivant la boucle du 5 km. Widy est avec eux.»

Résumons : tous les coureurs de La petite trotte à Joan sont perdus, sauf Joan. Toutes les équipes sont intactes, sauf celle de Joan.

Résumons encore : « N'importe quoi… »

Je suis tout seul et je ne cours plus. Je décide d'aller attendre « mes » trotteurs quelques mètres plus loin avec Olivier, le gendre de Gilles, qui s'occupe de tourner un petit documentaire sur cette aventure. On en profite pour enregistrer quelques séquences de questions-réponses et, alors que j'évoque le nom de mon nouvel ami que j'ai perdu dans les bois, Widy arrive, seul, ayant largué les autres pour me rejoindre.

Retour à la normale ? Façon de parler…

Nous sommes deux à entrer dans le Vietnam, cette portion de marécage concoctée par l'esprit tordu de Dan. Tout juste après être sortis de la boue, nous sommes rattrapés par Guy et François, en pleine forme et pas du tout frustrés de s'être fourvoyés dès le départ.

Nous sommes quatre à entrer dans la nuit, unissant nos forces plutôt que de se disperser sans raison. L'avantage d'une formule non compétitive, c'est que quand on se fait rejoindre par d'autres coureurs, au lieu de tout faire pour les semer, on les attend pour avoir la chance de discuter. Juste quand nous atteignons le refuge du lac à l'Appel au 40ᵉ kilomètre, c'est au tour de Patrice et de David de combler leur retard.

Nous sommes six à descendre à droite, alors qu'il aurait fallu monter vers la gauche. Trois kilomètres et demi plus bas, je comprends que nous avons emprunté le parcours du 38 km jusqu'à son point de départ. Nous décidons unanimement de remonter pour retrouver le bon embranchement. Sept kilomètres à ajouter aux quatre cumulés en excédent dès le départ. Aucun ne semble s'en formaliser. Après tout, 120 ou 130 km, c'est du pareil au même, non ?

Nous sommes neuf à nous réchauffer autour d'un feu de camp. Il est deux heures et la nuit est très fraîche. L'équipe de Karine, Ariane et Pierre est déjà arrivée au point extrême du parcours : eux ne se sont pas trompés en quittant le refuge et nous ont donc devancés à ce ravitaillement luxueux. Ici nous attendent saucisses, rafraîchissements, fruits, couvertures et fauteuils pliants. Le trio nous quitte, alors que je m'endors au bord des flammes. Nous les rattrapons quelque temps plus tard, alors que le ciel commence tout juste à reprendre des couleurs.

Nous sommes neuf à accueillir l'aube au sommet de la Montagne grise. Après les avoir observés marcher sans faiblir à la lumière de leurs lampes frontales et franchir ainsi leur première nuit blanche, je sais que tous finiront, faisant mentir les statistiques abyssales des deux dernières années. Avec le soleil qui arrive, chaque équipe accélère et reprend graduellement son rythme naturel.

Nous sommes six à entrer dans le refuge du lac à l'Appel. Avec un compteur qui affiche plus de 80 km,

LA PETITE TROTTE À JOAN - 120 KM

c'est le point le plus loin jamais atteint par tous les coureurs. Pour faire écho à mon 100-Mile le plus récent, j'accepte l'offre qui m'est faite de boire un petit peu de whisky. Seul François me suit dans cette activité antisportive et, pourtant, inoffensive.

Nous sommes quatre à plonger dans le Vietnam une deuxième fois. Plus tôt, David a été contraint de ralentir à cause d'une douleur importante à la cheville, toujours accompagné de son fidèle équipier, Patrice. Ensuite, c'est au tour de Guy de perdre un peu de terrain, gêné depuis des semaines par un genou récalcitrant et, depuis quelques heures, un pied amoché. Même si l'eau fraîche masque temporairement le problème, François ajuste son allure pour rester avec son binôme.

Malgré mes inquiétudes de la veille, après cet étrange départ en solitaire, l'esprit de La petite trotte à Joan se matérialise sous mes yeux. Les plus expérimentés encadrent et conseillent les autres. Les moins fatigués patientent sans malice. Les blessés poursuivent à leur rythme, ne pensant jamais à l'abandon, conscients d'être épaulés dans leur obstination par un groupe partageant le même objectif. Plus encore qu'à l'aube, j'affirme alors que tous franchiront l'arche dressée au-dessus de la ligne d'arrivée. Mais dans l'intervalle, chaque équipe va devoir surmonter, seule, ses problèmes.

Nous sommes finalement deux à nous précipiter vers la ligne d'arrivée. Un peu gagné par l'impatience, j'avoue que j'ai accéléré sur les derniers kilomètres. Widy à mes côtés, je voulais essayer de finir sous les 24 heures… et surtout, enfin, arrêter de courir ! Mission accomplie en 23 heures et 55 minutes.

Comme je l'avais prédit, toutes les autres équipes suivent : François et Guy, malgré sa cheville tuméfiée (diagnostic des médecins : rien) ; Patrice et David, tout sourire en dépit d'une blessure à la jambe qui l'enverra à l'hôpital pour vérification (verdict : tout va bien) ; Pierre hilare, tandis qu'Ariane et Karine pleurent sous le coup de l'émotion et de la fatigue.

Widy, pendant toutes ces longues heures passées dans la forêt avec nous, a observé ce manège. Plus habitué aux courses et, plus spécifiquement, aux coureurs européens, dans la voiture qui nous ramène à Montréal le lendemain, il résume ses impressions :

« Pas une seule fois, je n'ai entendu quelqu'un râler ni se plaindre. Même dans la boue, quand il faisait froid, quand on s'est perdus, quand ils avaient mal, quand ils étaient fatigués. Toujours le sourire. »

Comme pour la poutine et l'orignal, je crois que Widy ignore tout de nos sacres…

« Un jour, dans 10 ans, j'en suis convaincu, c'est un Québécois qui sera champion du monde de trail. »

Ça, ce serait *hot* en *tabarnak* !

...

JUILLET 2015
SERPENT
À PLUMES

Kilomètre 70. Le serpent, semble-t-il, a décidé aujourd'hui de me servir une petite leçon d'humilité. J'ai cu l'affront de piétiner l'échine du monstre et me voilà hagard, le cul sur une glacière, attendant la fin d'une gigantesque averse, abrité par le coin du chapiteau de Lilians, ravitaillement numéro dix.

« Excusez-moi… »

Tout avait bien commencé. Avant l'aube, je m'étais attaqué au reptile géant en compagnie d'un chat hilare qui mangeait de la pizza. Illuminé par ma frontale, j'ai suivi le félin un bon moment, alors qu'il me souriait, imperturbable, imprimé ondoyant sur le dos d'un coureur manifestement doté d'un sens de l'humour plus développé que son bon goût.

« Excusez-moi !… »

Au deuxième appel, je comprends qu'une des bénévoles de Lilians s'adresse à moi. Je sors le visage de mes mains, ouvre les yeux à regret et la fixe, interrogateur.

« On doit sortir un truc de la glacière. »

Ouais, bon, de toute façon, si je veux arriver au bout de mon deuxième Vermont 100, il faut bien que je reprenne la route. Je me lève, adresse un vague remerciement aux jeunes filles qui bouffent les chips normalement destinées aux coureurs et je repars, combattant le venin qui est en train de me pourrir l'âme.

Quelques mètres plus loin, une voiture ralentit à mon niveau. Mon ami Bernard apparaît à la fenêtre :

« Hey, Joan, comment ça va ? »

« Pas trop bien. Vraiment pénible. Mauvaise journée. »

Il faut avouer qu'il était ambitieux de ma part d'espérer faire mieux que l'année précédente. En effet, le fourbe basilic vermontois, ce fauve long de 161 km, m'avait laissé passer sans encombre. Il a été bien moins patient cette année. Irrité, décochant sa première morsure à 40 km.

Snap ! T'aimes ça, les crampes ?

Pfff, ce n'est pas le misérable dragon du Vermont qui va m'avoir avec ça. J'ajuste ma foulée pour changer le mal de place.

Snap ! Que je te pourris la digestion.

Sale bête. T'as rien de mieux à faire ?

Snap ! Neurotoxines.

Je chancelle sous l'assaut. Étourdi, je dois lutter pour garder le cap. Mon énergie s'étiole, ma vitesse fond. En seulement quelques kilomètres, la Grand'Goule de Nouvelle-France aura anéanti mes prétentions.

Snap ?

Non, c'est bon, divin Quetzalcoatl, tu m'as touché au cœur et mon moral part en vrille. Il me reste une bonne centaine de kilomètres, j'ai mal partout et je touche le fond. Je me fais dépasser par plusieurs concurrents, manifestement épargnés par le courroux du serpent à plumes.

Abandonner, ce serait me préserver pour l'Ultra-Trail du Mont-Blanc qui approche. Sage décision, n'est-ce pas ? C'est oublier bien vite pourquoi nous, coureurs, nous jetons dans l'arène pour défier ces titans kilométriques. Pour un rodéo de proportion épique, pardi ! Je plante mes ongles dans le dos du colosse et je m'agrippe, tandis qu'il s'ébroue. Hiihaaa !

Il est maintenant temps de réviser mon manuel de l'ultra-marathonien en difficulté, de vérifier si les conseils que je livre lors de mes conférences fonctionnent. J'applique une par une toutes les procédures d'urgence : courir lentement si possible, marcher rapidement si nécessaire, prendre le temps aux postes de ravitaillement pour manger et boire, avaler des capsules de sel et des pâtes de fruits. Éviter la bière et le bourbon cette fois-ci, mais prendre du bacon !

Rien ne fonctionne vraiment, mais mon état ne s'aggrave pas non plus. Je franchis le cap symbolique de la mi-course en ayant le sentiment d'avoir repoussé les pires assauts du reptile. C'est donc toujours au ralenti que je trottine sur ce chemin, serpentant d'une colline verdoyante à l'autre, au gré des routes de terre et des sentiers qui longent de superbes propriétés.

J'aperçois alors du coin de l'œil un coureur gagner tranquillement du terrain sur moi. Je n'ai pas le temps de le saluer en anglais qu'il m'aborde en français :

« Joan ! Je ne m'attendais pas à te rattraper. »

C'est Pierre, mon porte-bonheur, celui qui m'a accompagné pendant des heures lors de mon premier 100-Mile pour ensuite me sauver de l'hypothermie et d'une longue nuit sans pile. Je ne sais pas quelle forme diabolique a pris pour lui le VT100, mais, les jambes raides, il semble passablement affecté par son trajet jusqu'ici. Je lui explique alors mes propres déboires.

« Tu penses aller jusqu'au bout, n'est-ce pas ? »

Au ton employé, je comprends qu'il ne cherche pas tant à me poser une question qu'à étouffer toute autre option dans l'œuf. Je le rassure tout de

suite sur ma détermination à franchir la ligne d'arrivée, puis nous continuons, côte à côte, notre effort pour dompter l'animal en tentant de l'assoupir grâce au rythme de nos foulées.

Quelle naïveté de ma part. Ce parcours a la réputation d'être facile, mais, tel un joueur d'échecs, il s'arrange pour avoir plusieurs coups d'avance. À ce stade de la partie, je réalise que le piège a été tendu il y a un an, à l'occasion de ma première visite. Rusée, la toxique vipère s'est faite couleuvre, adoucissant ses courbes pour domestiquer les côtes et assagir les descentes, plaquant ses écailles pour que mes pas soient plus sûrs, camouflant ses difficultés pour que ma mémoire n'enregistre rien.

« Je ne me… souvenais pas… que ça montait… autant… »

Pauvre mortel. Tu te lances à pieds joints sur un mastodonte tout entier conçu pour broyer de l'athlète et tu espères en sortir indemne ? Pour me punir de mon insolence, mon adversaire a invité son pote l'orage diluvien à la fête. Et quel spectacle ! Avec le tonnerre aux percussions et la foudre à l'éclairage, on a même droit à une brume opaque qui obscurcit la scène.

Si les intempéries d'inspiration cataclysmique nous évitent de cuire au soleil, nous sommes trempés jusqu'aux os et, pire encore, les frottements répétés irritent la peau mouillée aux endroits les plus intimes. Sans entrer dans les détails, disons que les expressions suivantes, anonymement glanées au cours de cette longue journée, vont probablement graver dans votre esprit certaines images démontrant la douleur infligée à notre anatomie. Prêts ? « Marcher comme un cowboy », « *hamburger ass* », « prépuce irrité ». Vous pouvez rouvrir les yeux, c'est terminé.

Malgré tout, les coureurs courent et par centaines. Comme des fourmis obstinées progressant en longue file indienne sur le dos labyrinthique d'un animal chimérique mille fois plus gros qu'elles, mues par une mission unique, simpliste : avancer.

La nuit nous rattrape, les averses se poursuivent. Pierre et moi sommes devenus indissociables. Comme lors de la TransMartinique, où j'avais combiné mes forces avec celles de Widy, le rasta-*trailer*, l'équipe que je forme aujourd'hui avec Pierre-le-glabre est une arme puissante, que nous opposons aux assauts de plus en plus faibles de ce monarque des ultras. L'arrivée est en vue, peu importe le temps qu'il nous aura fallu pour l'atteindre, et le roi se meurt.

Malgré toutes les nuances avec lesquelles nous peignons nos récits de course, l'issue du combat entre les David et le Goliath offre deux possibilités : soit on termine, soit on abandonne. Sales, amaigris, blessés parfois, c'est quand même avec le sourire que nous franchissons l'arche, arrêtant le chronomètre selon nos termes. D'autres sont interceptés en cours de route, étouffés par le boa.

Bien que privés des honneurs réservés aux finissants, ceux-là aussi sourient après l'épreuve.

Pourquoi ? Parce que la gloire réside dans le courage de prendre le départ, en sachant fort bien qu'un monstre nous guette, tapi dans la forêt. Et nous sommes comme des joueurs invétérés, accros non pas aux endorphines, mais à l'incertitude quant à la fin de l'histoire.

Ce soir-là, je n'ai pas exactement volé dans les plumes du mythique serpent, mais j'ai dominé mes doutes, aussi peu tangibles qu'un dieu toltèque, mais bien plus dangereux.

...

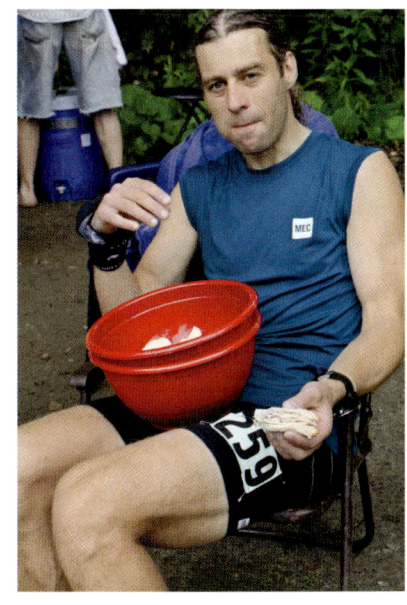

LA FOIS OÙ...
j'ai renoncé à un ultra parce que mes parents s'inquiétaient pour ma santé !

Non, j'déconne.

LA MORT **ET** LES IMPÔTS

Le kilométrage d'un ultra-marathon impressionne. Le temps nécessaire pour boucler une épreuve de 160 km fait peur. Comme à ma maman, par exemple : « Fais attention à ne pas dépasser tes limites. » En d'autres mots : je cours, donc je « mourre » ? C'est oublier que si elles existent effectivement, les limites sont vraiment personnelles et peuvent être décuplées par l'entraînement.

Décuplées… Que dis-je ? Centuplées !

Je n'exagère pas. Lors de mon premier entraînement, j'ai à peine parcouru deux kilomètres avant d'être stoppé net dans mon élan, mon corps et mon cœur en état de choc. Quelques années plus tard, me voilà assez en forme pour courir cent fois plus longtemps, assez pour traverser une île des Caraïbes sur toute sa longueur.

« Mais toi, tu es spécial », me rétorque-t-on souvent quand je raconte tout ça.

Ma riposte, celle de tous les ultra-marathoniens d'ailleurs, se résume en un mot : l'entraînement. Mais même quand j'explique que mon niveau actuel est le résultat d'une décennie de progrès infimes, mes interlocuteurs campent généralement sur leur position.

Il m'a fallu un moment pour comprendre ce qui manquait à mes explications, l'argument qui établirait mon humanité auprès de mes interlocuteurs, sans passer par la case mortalité. Les impôts ! Comme dans cette phrase de Benjamin Franklin : « En ce monde, rien n'est certain, à part la mort et les impôts. »

Réglons le premier détail. Comme Mark Twain, je trouve que « l'annonce de ma mort est grandement exagérée ». Après tout, il m'est vraiment difficile de dépasser mes limites, puisque le corps est tout entier conçu pour m'empêcher d'en arriver là. Comment ? La fatigue, c'est assez efficace comme frein. Le sommeil va me tomber dessus si vraiment j'insiste. La perte de conscience ? Pour quelques individus vraiment têtus (j'en connais).

Oui, la mort reste donc la mort, mais elle n'est pas d'actualité.

Restent les taxes. Eh bien, si l'entraînement est votre travail et la performance votre salaire, la souffrance en est l'impôt.

Là, par exemple, alors que j'écris ces lignes, j'ai des courbatures. Ça peut sembler très banal, mais la dernière fois que j'ai avoué avoir mal aux jambes, à ma grande surprise, un ami triathlonien s'est exclamé : « Ça me rassure ! » Mon pote sera donc doublement rassuré en lisant ce qui suit, car malheureusement pour moi, je ne suis pas exonéré de la taxe sur l'effort.

Lorsque je me lève pour courir jusqu'au travail, ça ne me tente pas toujours quand je vois ce qui tombe dehors. Quand je cours, un grand sourire ne fend pas mon visage comme dans les mauvaises publicités de chaussures. Car je souffre. Souvent juste un peu, parfois beaucoup. Il y a de bonnes et de mauvaises journées, il y a aussi des semaines entières à oublier, sans compter les engelures, les écorchures, le sang et les larmes.

« Tu es humain, finalement. » Exactement. Et comme la nature est équitable, plus on est riche, plus on est taxable ; meilleur on devient, plus on peut pousser loin dans l'inconfort.

Mais pourquoi courir alors, si ça fait si mal ? Pour essayer, une fois de temps en temps, d'exploiter ce capital que j'ai accumulé pour aller à la recherche de ma limite personnelle absolue, sans jamais véritablement pouvoir l'atteindre, puisque le corps ne fait pas crédit.

Voilà ce qui me fait reprendre le départ d'un ultra-marathon plusieurs fois par année. Curieusement, l'année dernière, et malgré mes efforts, tout s'est généralement bien terminé. J'ai bien eu quelques douleurs tenaces après le Vermont, des idées noires dans Charlevoix, de sérieux problèmes de sommeil à Bromont, ou encore perdu temporairement la force dans mes jambes après la TransMartinique.

Mais je n'ai jamais touché le fond. Logiquement, ma quête me dicte d'en faire un peu plus. Il est certain que je vais essayer de m'arrêter avant l'évanouissement, mais j'espère secrètement atteindre le stade des hallucinations.

Sadisme ? Absolument ! « Tout est bon quand il est excessif », nous dit le divin marquis. Tout ou rien. Pas de demi-mesure.

« Et vous êtes nombreux à faire ça ? » Des milliers, mon cher monsieur.

Une tribu humaine diffuse, mondiale, dont les membres engrangent patiemment les dividendes de leurs efforts, puis se rassemblent, à l'occasion, pour miser leur fortune sur la ligne de départ d'une course organisée.

La compétition, c'est le contrôle fiscal de l'athlète. Si on a triché, on va payer cher notre mensonge, et avec intérêts.

Je les entends déjà me crier « La bourse ou la vie ! » : sauvages, incontrôlables, plus brigands que collecteurs, mes contrôleurs fiscaux se nomment Ultra-Trail du Mont-Blanc et Diagonale des fous.

* * *

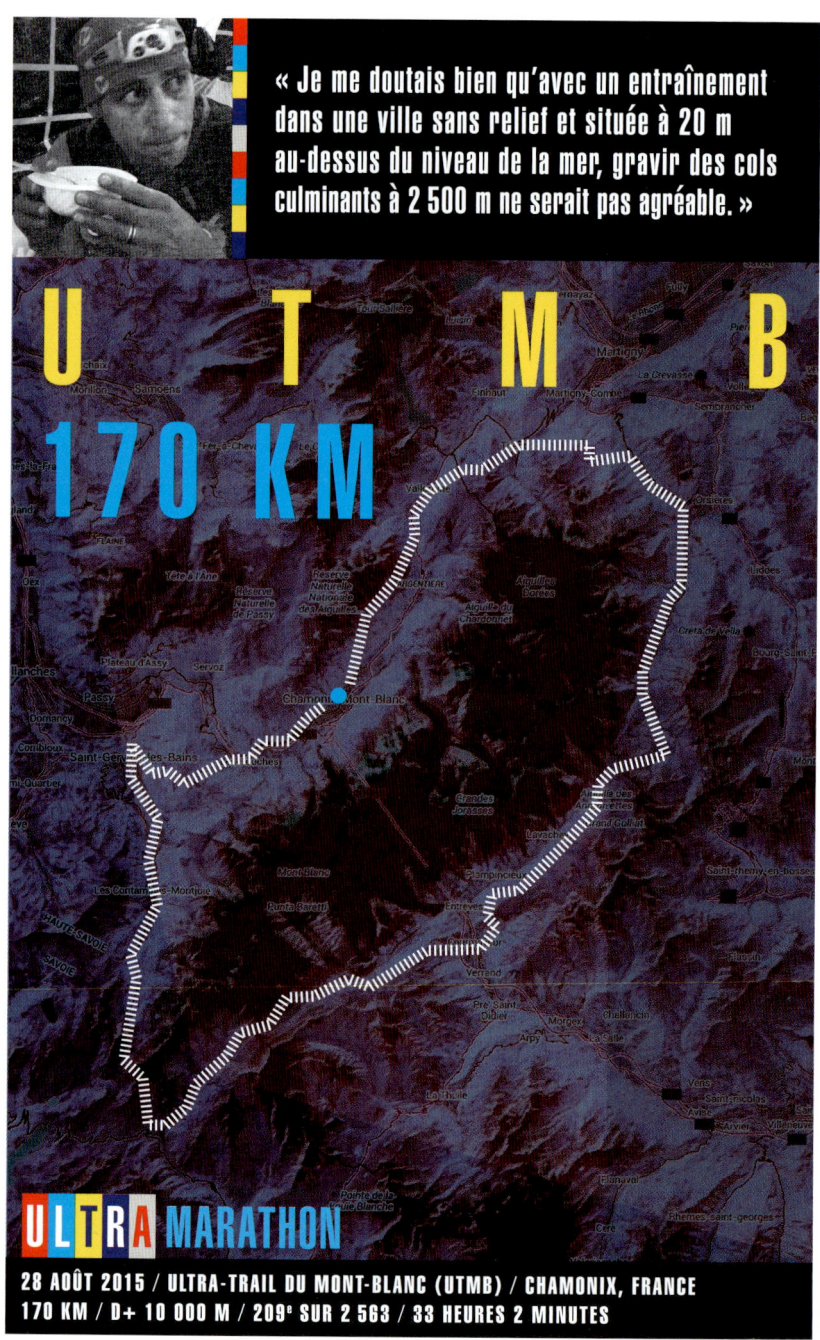

« Je me doutais bien qu'avec un entraînement dans une ville sans relief et située à 20 m au-dessus du niveau de la mer, gravir des cols culminants à 2 500 m ne serait pas agréable. »

U T M B
170 KM

ULTRA MARATHON

28 AOÛT 2015 / ULTRA-TRAIL DU MONT-BLANC (UTMB) / CHAMONIX, FRANCE
170 KM / D+ 10 000 M / 209ᵉ SUR 2 563 / 33 HEURES 2 MINUTES

AOÛT 2015
TRAIL ODDITY

Faire le tour du massif du Mont-Blanc, c'est toute une histoire. Une légende, pour être plus précis. L'un des plus beaux tracés en montagne du monde... Probablement pas le plus difficile, malgré les apparences, mais sans aucun doute le plus fantasmatique.

Comment pourrait-on qualifier autrement ce spectacle ? Ce peuple aux élans trop longtemps contenus, fendant une marée humaine massée de part et d'autre des ruelles de Chamonix, des hommes et des femmes se comptant par milliers, quantité insignifiante écrasée par la silhouette incommensurable du pivot des Alpes.

Je ne voulais pas y participer, trompé par les images de ces centaines de coureurs gravissant les cols alpins à la queue leu leu, persuadé alors d'assister à l'équivalent d'un embouteillage en sentiers, une dérive malheureuse d'un sport victime de sa popularité explosive.

J'ai été sauvé de mon ignorance grâce à mes amis, partis en éclaireurs l'année précédente – certains revenant triomphants, d'autres vaincus, tous émerveillés. Dans leurs récits, tissés durant les longues heures passées à zigzaguer au pied des aiguilles minérales, contournant la Bête pour revenir à Chamonix, je me suis vu, tentant moi aussi ma chance malgré la futilité d'un tel exercice.

Mi-janvier, j'ai reçu la confirmation de ma présence estivale à « Cham ». Quelques milliers de kilomètres et des centaines d'heures d'entraînement plus tard, je me retrouvais donc assis sous un soleil certes estival, mais anormalement chaud, admirant le dôme immaculé que j'allais devoir contourner en sens antihoraire, en 46 heures ou moins.

Musique, compte à rebours, hélicoptères... Oui, cette course est tellement hors norme que la bande sonore est écrite par Vangelis et les images, filmées du ciel. Et les coureurs viennent du monde entier pour vivre ça. Tout comme moi qui, initialement, ne voulais rien savoir de cet évènement et me laisse emporter par l'ambiance sans coup férir. Non, cette course n'est pas comme les autres : c'est un monument long de 170 km et haut de 10 000 m.

Action !

Me voici sur Pluton, cerné par de gigantesques silhouettes se découpant sur un ciel d'un noir mat. Affaissé, à bout de souffle, je me redresse et lève les yeux au ciel. Mon Dieu, c'est plein d'étoiles ! Je trébuche, reprenant ma progression dans ce pierrier sans fin, trop peu illuminé par la lueur blafarde de Charon. L'astre me nargue de sa face pleine, aveuglante alors que je la dévisage, mais d'un éclat trop faible pour me permettre de bien estimer les dimensions de ce qui m'entoure. De toute façon, rien ici n'est à échelle humaine.

Je me doutais bien qu'avec un entraînement dans une ville sans relief et située à 20 m au-dessus du niveau de la mer, gravir des cols culminant à 2 500 m ne serait pas agréable. Dès mon arrivée dans ce domaine, j'ai compris, en contemplant avec effroi les aiguilles rocheuses qui me dominaient, à quel point l'environnement que j'allais affronter m'était totalement inconnu. Et hostile. En prenant le départ de l'Ultra-Trail du Mont-Blanc, j'allais franchir une Nouvelle Frontière.

Pourtant, comme pour le projet Mercury, ne participe pas qui veut à cette expédition circum-alpine. Beaucoup de candidats à l'embarquement, peu d'élus. Pour mériter ma place sur

la rampe de lancement à Chamonix, j'ai dû prouver que j'avais l'étoffe d'un ultra-traileur. Deux années à me précipiter dans le trou noir d'une nuit blanche, à tester mes capacités sur des distances abyssales et surgir de l'autre côté, chaque fois transformé. Mon salaire ? Des points. Il m'en fallait huit pour être candidat à la loterie. Le tirage m'a été favorable.

Space monkeys, ready to be shot into space ! Le nom de l'expédition : UTMB 2015. Équipage : 2563 coureurs. Durée prévue de mon périple : peut-être 28 heures, peut-être 40 heures. Mon chemin vers les étoiles n'est pas une science exacte.

Dans l'attente du départ, assis à même le sol en compagnie de plusieurs centaines d'athlètes, il y a cependant un détail qui ne colle pas. Malgré l'ambiance survoltée qui précède le compte à rebours libérateur, celui qui va mettre le feu à toute cette énergie bridée depuis des mois, il plane sur cette opération réglée au

millimètre un sentiment d'imposture. Nous n'avons pas encore bougé que nous semblons déjà sur une autre planète. Tels les navigateurs de la Guilde spatiale, avons-nous tellement abusé de notre Épice, la course, que nous sommes désormais en mesure de replier l'espace ?

La source de mon malaise, c'est la chaleur accablante, anormale, qui nous assomme aujourd'hui. Hier aussi. Tout l'été quand on y repense. Je ne suis plus tout à fait sur Terre et déjà un peu sur Vénus, cette jumelle de la Terre, brûlée vive par un effet de serre galopant. En effet, impossible pour les coureurs assis au creux de la vallée de ne pas constater les ravages d'un thermostat déréglé à l'échelle planétaire. Les glaciers sont misérables, refoulés vers les hauteurs, déversant des cascades de larmes.

Il fait trop chaud et cela fait des décennies qu'on s'en émeut. Depuis ce 24 décembre 1968, avec ce premier lever de Terre photographié par les astronautes d'Apollo 8 qui avait bouleversé notre vision du monde. Une bille bleue, immensément fragile, flottant dans le néant. Une prise de conscience environnementale bien vaine, semble-t-il, puisqu'en 2015, inutile de me rendre en orbite lunaire pour me rendre compte que nous partageons tous le même écosystème avarié. Non, il me suffit d'emprunter un sentier de grande randonnée et d'écouter.

Sous la pleine Lune, dans le silence de ma première nuit, même les montagnes grondent. Troublant ma concentration de forçat emmuré dans l'effort, les échos des éboulements résonnent au loin, bien trop fréquemment. La chaleur brise les hommes et fait éclater les falaises. Malgré tout, puisqu'il le faut, j'avance, portant sur mon dos tout ce matériel obligatoire devenu tristement superflu.

Car avant de se faire catapulter dans l'éther, il faut s'équiper à outrance. Une fois n'est pas coutume, j'ai rassemblé mon équipement avec plusieurs semaines d'avance, respectant à la lettre la liste imposée par les organisateurs. Lampe frontale : présente. Lampe de secours : embarquée. Piles de rechange : chargées. Veste imperméable 10 000 Schmerber. Des quoi ? Oh, une mesure incompréhensible de l'ingénierie déployée pour me garder en vie si les conditions devaient tourner au vinaigre. Et ce n'est pas tout, car, dans mon sac à dos, je dois avoir de quoi me fabriquer un véritable scaphandre étanche : en plus de la veste et de tous ses Schmerber, des pantalons de pluie et une paire de gants imperméables.

Je dois aussi pouvoir affronter les blessures, le froid, la nuit, la faim, la soif, en ne me fiant qu'à mon propre attirail. Et contre la canicule qui sévit même à près de trois kilomètres dans les airs ? Il est trop tard pour y penser, le signal du départ approche !

Température toxique ou pas, le soleil est radieux et fait briller le mont Blanc au-dessus de nos têtes. De son sommet, on ne distingue probablement rien de l'agitation qui embrase la vallée en contrebas. La musique résonne désormais dans les ruelles de la ville. L'hymne de la course annonce la fin de l'attente. Malgré les doutes, en dépit d'un entraînement forcément imparfait, bardé de gadgets technologiques inutiles, le décompte est scandé, l'élan donné sous les encouragements de la foule massée des deux côtés de la rue. Un petit pas pour l'homme, un autre petit pas pour l'homme, et un autre, et un autre…

Et un autre. Et… je m'arrête. Dans l'espace, personne ne vous entend crier. Malgré l'air rare qui baigne le col des Pyramides calcaires, on m'aurait entendu si j'avais eu assez de souffle pour hurler ma frustration. Mais j'en suis incapable. Toute mon énergie est mobilisée pour simplement me permettre de retrouver mes esprits, immobile et lourdement appuyé sur mes bâtons.

UTMB 13e édition. Manque d'oxygène. Houston, on a un problème.

Enfin, moi, j'ai un problème. Et pas les autres, puisque des centaines

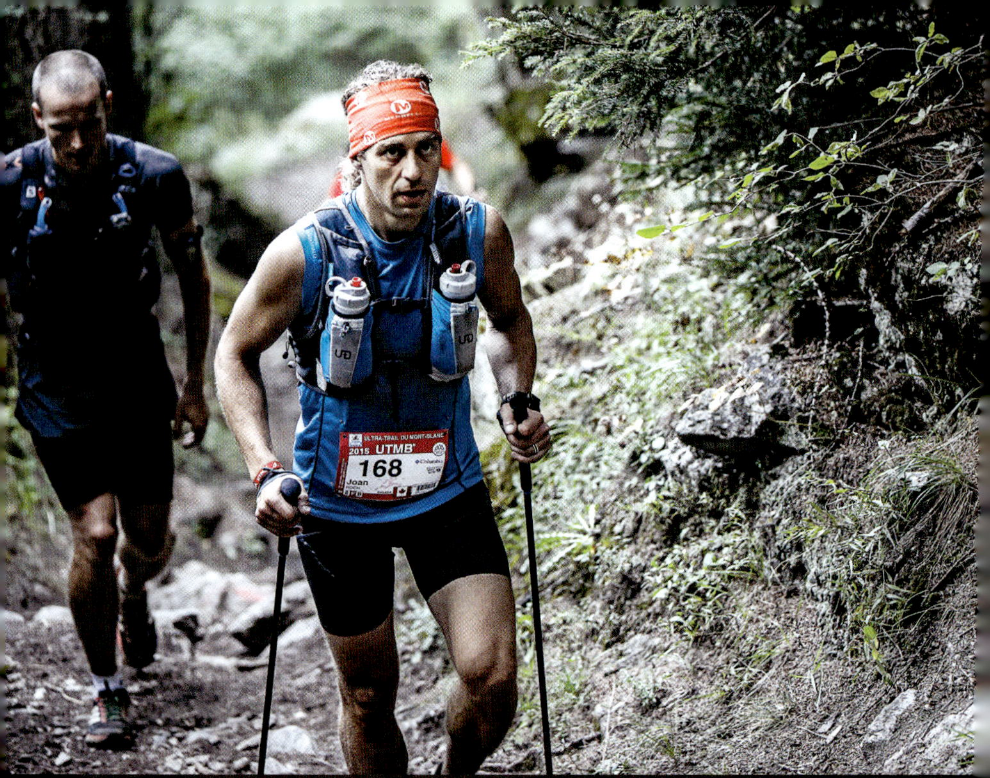
ULTRA-TRAIL DU MONT-BLANC
2015 UTMB
168
Joan
Columbia

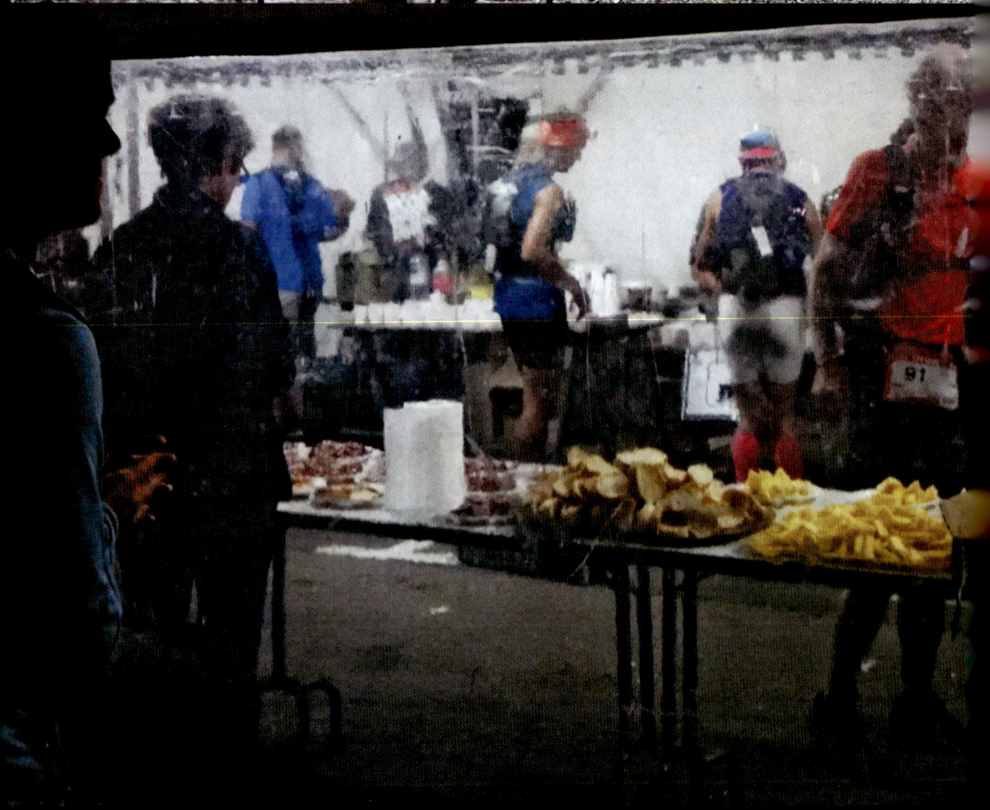
91

de coureurs me dépassent. Même en marchant. Même lentement. Très tôt dans cette course, je comprends que l'altitude sera ma pire ennemie.

Et le long ruban de lumière qui s'élève devant moi n'a rien de rassurant. Des centaines de lampes frontales dessinent dans la nuit limpide un sinueux fil d'Ariane scintillant qui monte jusqu'aux étoiles. Les silhouettes qui se découpent dans les faisceaux lointains me donnent une idée de l'échelle des distances, bien plus facilement qu'en plein jour, où les perspectives se confondent. Je dois me casser le cou pour localiser le col que je dois atteindre, un kilomètre au-dessus de ma tête.

Quand je baisse de nouveau la tête pour reprendre ma lente ascension, mon univers se réduit soudain à ce qui est illuminé par ma frontale. Une pierre, un caillou qui roule, une dalle instable, des graviers, un gigantesque bloc abandonné par un glacier, une paire de fesses… L'ultra-trail, probablement la seule activité où l'on peut suivre une femme en pleine nuit en braquant une lampe sur son derrière sans qu'elle ne proteste ni ne vous prenne pour un pervers. De toute façon, son postérieur est plus performant que le mien et elle me sème rapidement. Je retourne compter mes cailloux.

Imperceptiblement, l'inclinaison du sentier s'adoucit et l'horizon se dégage. Ça descend ! D'abord maladroit, ayant presque oublié comment courir, ma foulée se fait rapidement plus aérienne. Je reprogramme les appuis, calcule ma nouvelle trajectoire et entame une descente plus balistique que contrôlée vers une vallée riche en oxygène. Très tôt dans cette course, je comprends que la gravité sera ma meilleure alliée pour revenir au bercail.

Finalement, les heures passant, une série de cycles s'établit, chacun suivant sa propre cadence, tous rythmant ma progression autour du grand Blanc.

Le cycle solaire d'abord, qui voit l'orbe sombrer derrière les massifs, confiant temporairement son rôle de luminaire à la pleine lune. Puis, l'astre du jour revient, teintant les arêtes rocheuses d'un orange flamboyant avant de réchauffer le fond des vallées. Habituellement, l'alternance du jour et de la nuit ne m'offre qu'une seule séance, puisque je franchis la ligne d'arrivée d'une telle épreuve dans la journée. Cette fois-ci, je suis réaliste. Mon objectif est de n'assister qu'à deux couchers de soleil et, surtout, de terminer avant l'aube du deuxième jour.

Il y a aussi mon téléphone qui sonne, intrusion technologique saugrenue dans cet univers aux limites invisibles. Car voilà, si la course part et s'achève en France, le grand détour que nous empruntons nous fait traverser des frontières immatérielles. Et chaque fois que je quitte une nation pour entrer dans l'espace aérien d'une autre, mon mobile chante. Je réalise que je viens de passer en Italie lorsque mon cellulaire bascule bruyamment d'un réseau à l'autre. Bien plus tard, c'est au tour de la Suisse de se signaler ainsi.

Le retour en France me sera indiqué de la même manière, plus tard, bien plus tard.

Beaucoup plus proche de moi et se répétant toutes les deux à trois heures, il y a mes ascensions toujours aussi laborieuses, conséquence de ma vie dans les plaines, aphélies fort heureusement suivies de ces descentes en chute libre qui me permettent graduellement de gagner des places au classement. Le profil de ma trajectoire ressemble à une mauvaise imitation du *Vomit Comet*, cet avion qui permet de simuler l'absence de gravité pendant quelques secondes en décrivant des paraboles qui retournent l'estomac.

En parlant de nausées… ça aussi, ça revient tout le temps. Car quand on voyage aussi longtemps, rares sont ceux qui échappent au mal de l'espace-temps. Par chance, ce problème récurrent ne tombe sur moi qu'après quelques heures de course, puis finit par disparaître une fois mon rythme de croisière bien établi. Mon antidote cette fois-ci ? Du bouillon et des nouilles.

Graduellement, une fois tous ces cycles et épicycles bien accordés entre eux, après une quinzaine d'heures d'ajustements et de corrections, j'entre dans une sorte de stase.

J'estime alors qu'il me faudra encore une vingtaine d'heures pour revenir à la base. 20 heures à grimper, à marcher, à descendre, à courir. Objectivement, c'est long. En y repensant bien, ma plus longue course à ce jour n'a duré que 22 heures.

Aujourd'hui, avec encore 20 heures à faire, j'ai à peine fait la moitié du chemin ; 20 heures de plus, c'est horriblement long.

C'est surtout le genre de calcul qui peut me faire dériver dans les zones les plus sombres de la boîte de conserve qui me sert de crâne... jusqu'à l'abandon.

Mais tout est relatif. « Ce ne sont que quelques heures de ma vie. Ce ne sont que quelques heures de ma vie. »

Ce mantra, que je m'efforce de faire tourner en boucle, me permet de rester en contrôle. Je suis là par choix, le paysage qui défile sous mes pieds est grandiose, il me suffit de rester en mouvement.

Chaleur, faim, soif, sommeil, douleurs passagères, peu importe, je sais maintenant que je peux suivre ces sentiers à l'infini. Tous les voyants sont au vert. Il me faut juste rester en mouvement. L'équilibre est maintenant tel que les heures glissent sur moi. Je perds toute notion du temps et je prends bien soin de rester dans cet état. L'espace lui aussi semble se dissoudre. Seule la direction importe.

Le soleil se couche une dernière fois sur ces sommets dont j'ignore tout.

Le téléphone s'agite, porteur d'un ultime message : je suis de retour en France.

Je hisse ma carcasse vers le haut avec l'énergie du désespoir, sachant que le dénivelé cessera bientôt d'être positif. Et j'anticipe avec fébrilité ma rentrée dans l'atmosphère, désormais imminente.

Ça y est, tout ce qui devait être escaladé est maintenant derrière moi.

Je saisis les commandes et place la capsule en piqué. La vitesse augmente, le vent siffle. L'air se fait plus dense, mes oreilles se bouchent.

Le sol se rapproche.

Dix, neuf, huit, sept, six... Je ne vois pas encore les lumières en contrebas, elles sont quelques horizons plus loin.

Cinq, quatre, trois... Je commence ma descente vers Chamonix. Météore humain, l'impact devrait avoir lieu vers trois heures, en plein centre-ville. Ça y est, j'aperçois au travers des arbres les lampadaires éclairant des ruelles endormies. Ma cible, cette arche temporaire dressée devant l'église, n'est pas encore visible. Il me faut encore perdre de l'altitude.

Deux, un... J'entre en ville, à toute vitesse. Je survole, puis longe le torrent laiteux qui fend la vallée. Un dernier virage serré à droite. Mon père me rejoint, escorte aérienne pour guider la sonde immatriculée 168 jusqu'à l'aire d'atterrissage.

Impact. Tout est fini.

« Veille de départ de l'UTMB. Je suis heureux de retourner dans la montagne. Je suis heureux de voir mon ami Joan Roch se rapprocher des étoiles. »

Quel joli mot écrivait mon ami Frédéric à quelques heures du départ de cet Ultra-Trail du Mont-Blanc. Joli et prémonitoire.

...

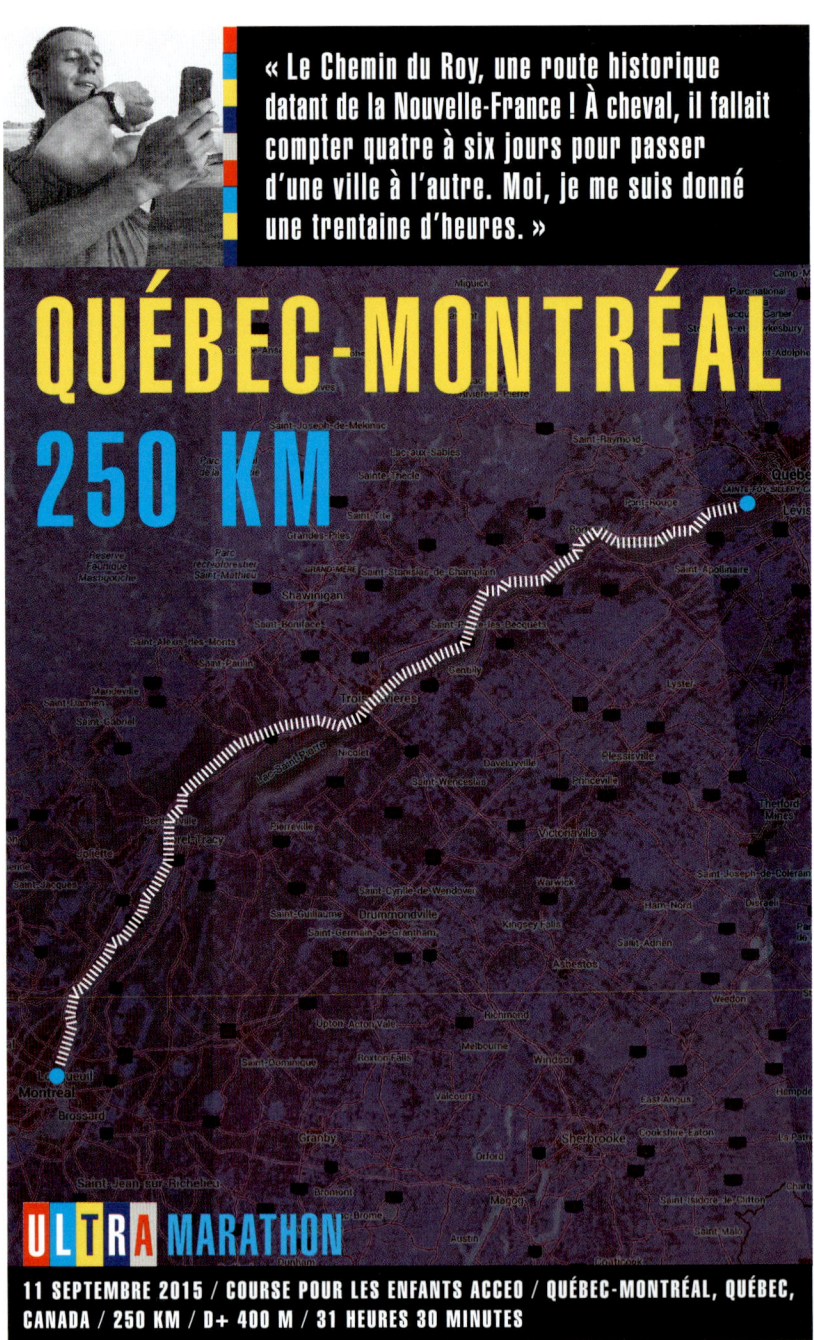

SEPTEMBRE 2015
CHEMIN DU ROY

Mon cerveau ne fonctionne plus depuis quelques heures. Depuis ce matin. Depuis la nuit dernière… En vérité, je ne sais plus quand j'ai vraiment décroché. Ça ne s'est pas fait d'un coup, c'est sûr. Le résultat est le même. Je suis encore conscient, mais pas en contrôle. Mon corps est sur le pilote automatique. Je suis mon propre passager. Mais je foule les rues de Montréal. D'après mes copilotes, c'est bientôt terminé.

Nous avançons en formation. Ils sont quatre, et moi je suis au milieu. Escorté pour ne pas dévier. Pour ne pas avoir à penser. Je ne peux plus penser. Je suis, mais je ne pense plus. Leurs t-shirts blancs me servent de balises visuelles. La route est noire, le ciel est gris. Les usines sont brunes.

Il pleut. Les seules couleurs vives proviennent des gyrophares de la voiture de police qui nous ouvre le chemin. Je ne sais pas où nous sommes. Montréal. Est. Oui. Mais précisément ? C'est laid.

J'arrive à Montréal, c'est l'automne. À mon départ de Québec, c'était l'été. Ça fait vraiment longtemps que je cours. Je me suis déjà rendu au départ d'une course en courant, parfois en autobus scolaire, mais je n'avais jamais encore pris le train pour ensuite revenir sur mes pas. « Québec, un aller simple, s'il vous plaît ! »

Mon équipe tourne à droite, je tourne à droite. Leurs dos habillés de blanc obliquent à gauche. À gauche, donc. J'aperçois un parc, une arche gonflée, beaucoup de monde habillé en blanc, de la musique… Une fois dans ce parc, d'ici quelques minutes, mon kilométrage totalisera 250 km.

Contre toute attente, je vais conclure cette longue ligne droite longeant le fleuve Saint-Laurent. Même mes amis les plus proches, surtout les plus expérimentés, doutaient de moi. Je ne leur en veux pas, ils avaient légitimement de quoi s'inquiéter. Si j'avais eu le temps d'y penser un peu plus longtemps, j'aurais probablement dit non.

Mais non, j'ai dit oui.

Flashback. Je suis tranquillement debout devant mon ordinateur. Une journée comme les autres au bureau. Tout à coup, le téléphone sonne. Mon téléphone ne sonne jamais ! Ce n'est pas que personne ne me parle, mais en général, mes collègues se déplacent ou communiquent par écrit. Par téléphone ? Jamais.

Je décroche, intrigué.

« Allô, Joan ? »

Déjà, ce n'est pas une erreur de numéro.

« Oui, c'est moi. »

« Salut, c'est Marie-Carmen ! Tu vas bien ? »

Qui ça ? Ah oui ! La directrice des ressources humaines, en personne. Je ne me souviens pas d'avoir fait de bêtise assez monumentale pour attirer l'attention de la direction. De toute façon, le ton de sa voix n'est pas menaçant.

« Oui, très bien merci ! »

Connaissant Marie-Carmen, elle ne va pas y aller par quatre chemins pour apprendre ce qu'elle veut savoir.

« Tu te souviens, l'an dernier, quand tu nous avais proposé de courir la distance complète entre Québec et Montréal ? »

Ouh là ! Ça n'a même pas rapport avec le travail, mais bien avec la course à pied. J'étais prêt à bien des scénarios, mais pas à celui-ci.

Mais là, ça me revient. L'an dernier, effectivement, on m'avait invité à participer à une course à relais organisée bénévolement par des employés, un évènement destiné à collecter des fonds pour une œuvre humanitaire.

Il s'agissait de couvrir par équipe l'équivalent de la distance séparant Québec de Montréal, soit 250 km. Si j'aimais l'idée, le format par contre ne me convenait pas, puisque la distance totale assignée à chaque relayeur était inférieure à celle que j'accumule chaque jour... Pas exactement un défi sportif à la hauteur de mon niveau actuel.

J'avais décliné l'offre, mais non sans demander, à moitié à la blague :

« Est-ce qu'il ne serait pas plutôt possible de courir de Québec à Montréal au complet... tout seul ? »

Mes collègues sont bien évidemment au courant que je cours beaucoup. Mais aucun ne s'imaginait que j'en étais rendu à ce stade : courir l'équivalent de six marathons d'une seule traite sur la route. Même en voiture, ce trajet paraît bien long. De toute façon, l'organisation était alors trop avancée pour modifier les plans. C'était un dénouement heureux, car franchement, c'était une recette parfaite pour me blesser et ne plus jamais courir de ma vie...

Mais la mémoire corporative est longue.

« Oui, je m'en souviens... »

Je n'ai pas le temps d'ajouter un mot qu'elle enchaîne :

« Tu serais partant pour le faire cette année ? »

Partant, oui, mais peut-être pas cette année. J'ai tellement de courses importantes prévues que je ne voudrais pas tout gâcher. Avec de la chance, la date du relais va coïncider avec un de mes ultras et le tour sera joué !

« Oui, pourquoi pas ! Ça tombe quand ? »

« Le samedi 12 septembre. »

« OK, je vérifie ça tout de suite dans mon calendrier. Ah, je n'ai rien cette fin de semaine-là. »

« Donc, c'est bon, on peut l'annoncer ? »

« D'accord. »

« Super, merci, au revoir ! »

Clic.

« De rien. »

Je n'ai rien cette fin de semaine-là, mais pas longtemps avant, il y a une course à laquelle je suis déjà inscrit. Une course qui commence un vendredi et qui se termine potentiellement le dimanche. Et c'est sur un autre continent. UTMB. Quatre lettres étalées sur trois jours.

Ultra-Trail du Mont-Blanc, 170 km, D+ 10 000 m, temps limite : 46 heures.

Juste ça.

Ah non, pas juste ça. À la page suivante de mon calendrier, il y a une course qui commence un jeudi et qui se termine potentiellement un dimanche. Et, géographiquement, c'est encore plus loin que l'autre.

Diagonale des fous de la Réunion, 165 km, D+ 9900 m, temps limite : 66 heures.

Je garde tout ça pour moi et je termine cette journée comme si rien ne s'était passé.

Deux ou trois jours plus tard, un collègue s'arrête en passant près de mon poste de travail.

« Hé, j'ai vu une photo de toi ce matin, à la réunion annuelle des employés ! C'est vrai que tu vas courir de Québec à Montréal ? »

Y'a pas moyen de garder un secret ici.

« Et tu vas passer par où ? »

Je ne le savais pas encore.

Maintenant, je sais. Le Chemin du Roy, une route historique datant de la Nouvelle-France ! À sa création, c'était la première route carrossable reliant Québec à Montréal. À cheval, il fallait compter quatre à six jours pour passer d'une ville à l'autre. Moi, je me suis donné une trentaine d'heures.

Premier marathon. À cheval ? Pfff. Je suis un animal. Je continue.

Deux marathons. C'était mignon au début, tous ces panneaux, toutes ces petites couronnes blanches sur fond bleu, jalonnant cet axe touristique. Mais là, je commence à trouver ça redondant. Impossible de me perdre par contre. Je continue.

Trois marathons. Je suis à mi-chemin. Quand l'unité de mesure de ta course est un marathon, tu sais que tu es peut-être en train de faire une bêtise. Mais au moins, c'est plat. Totalement plat. Après les cols alpins, la perfection de cette plaine est la bienvenue. Je continue.

Quatre marathons. Oh, comme la nuit a été dure. Je n'ai pas récupéré du manque de sommeil engendré par mon tour du mont Blanc et le décalage horaire du retour. L'aube, superbe, me sort de ma torpeur. Je continue.

Quatre marathons et demi. Je suis assis sur le pare-chocs arrière de la voiture qui m'escorte. Je me concentre depuis plusieurs secondes pour convaincre mes muscles de reprendre du service. À trois, je me remets debout. Un, deux, trois! Je me redresse en gémissant de douleur. Plusieurs secondes supplémentaires sont nécessaires pour l'étape suivante. À trois, je marche. Un, deux, trois! Je grimace, mais ça y est, je suis en mouvement. Mais si je veux respecter l'horaire, je dois courir. À trois, j'accélère. Un, deux, trois… AÏE! Je continue.

Cinq marathons. Je n'en peux plus. Je voudrais tellement qu'on m'offre d'arrêter là. Après 210 km, de toute façon, qui aurait le culot de me faire le moindre reproche? Malgré ma volonté oblitérée, je continue.

J'arrive.

Ils sont peut-être une centaine. Rassemblés à un kilomètre du parc. Plein d'enfants qui m'attendent. Désolé, je suis en retard, mais j'ai dormi un peu plus longtemps que prévu en cours de route. Et mon taxi était en retard ce matin, euh non, c'était hier matin. Excusez ma confusion.

Je souris, mais à l'intérieur, c'est l'apocalypse. La douleur est globale, les tripes sont vrillées, je me sens très mal. Finalement, j'étais mieux en mouvement. Par chance, nous repartons pour parcourir tous ensemble la distance, maintenant infime, qui me sépare de la conclusion de cet exercice d'exploration des recoins les plus sombres de ma volonté.

Un petit kilomètre de rien du tout. Pas pour cette petite fille, partie trop vite et qui s'effondre en pleurs sur le trottoir, persuadée d'être la plus nulle des plus nulles. Je m'arrête pour aller la consoler.

« Tu sais, la première fois que je suis allé courir, ça m'a fait la même chose. La course, c'est dur. »

Elle continue.

Quelques minutes plus tard, nous franchissons la ligne d'arrivée ensemble et je la vois, souriante, disparaître dans cette marée d'enfants tous vêtus de blanc.

. . .

« J'en suis maintenant convaincu : Mafate, en bas, n'obéit pas à la géométrie cartésienne. Non, il y a d'autres dimensions. Du Escher à l'état sauvage. »

DIAGONALE DES FOUS
165 KM

ULTRA MARATHON

22 OCTOBRE 2015 / LA DIAGONALE DES FOUS (GRAND RAID RÉUNION) / ÎLE DE LA RÉUNION, OCÉAN INDIEN, FRANCE / 165 KM, D+ 9 900 M / 355e SUR 2 627 / 42 HEURES 43 MINUTES

OCTOBRE 2015
TROPIQUES
OBLIQUES

C'est loin, ici. Un caillou posé dans l'océan Indien. Et quel caillou ! Je n'ai jamais ressenti autant de difficultés à apprivoiser un lieu. De prime abord, cette île ne semble pas vouloir de nous et déploie des artifices inédits pour nous dissuader de même vouloir y accoster. Évidemment, il va me falloir la traverser en courant.

L'endroit est unique au monde. Assez pour faire partie du patrimoine mondial de l'humanité. Disons que ça place la barre très haut. Mais on saisit vite que la réputation de la Réunion n'est pas surfaite quand on ne comprend pas un traître mot du vocabulaire employé par les habitants pour décrire le relief torturé de ce volcan.

« Euh, quand tu dis volcan, tu veux dire cratère, magma et tout ça ? » Oui, et bien plus encore. Au menu du 23e Grand Raid Réunion : cirques, remparts, pitons, cônes, coulées, ravines, éruptions, lave, rhums arrangés.

J'allais donc, dans les prochains jours, descendre au fond des uns, franchir les autres, peiner jusqu'au sommet des troisièmes, survoler les quatrièmes, marcher sur celle née avec le millénaire, profiter de la suivante pour me laver les pieds, apprendre avec regret que le parcours sans cesse changeant de cette fameuse Diagonale avait déjà offert une vue imprenable sur la Fournaise version 2010, me consoler en apercevant les lueurs rougeoyantes d'un épanchement en cours à l'aube et, finalement, abuser comme il se doit de ces puissantes concoctions que l'on sert ici à la louche.

Petit détail important : pour profiter de l'intégralité du programme de cette Diagonale des fous, il faut arriver au bout d'un tracé long de 165 km, imposant au participant un cumul de près de 10 km de montées, elles-mêmes sanctionnées par un kilométrage équivalent en descentes.

Saint-Pierre, un soir de printemps, il est vingt-deux heures moins quelques minutes. Je sais que c'est l'automne au Québec, mais je ne sais plus quelle heure il est là-bas. Le décalage horaire est massif et les deux vols de nuit nécessaires pour me rendre sur l'île ne m'ont pas rendu service. Le départ, imminent, n'est même pas encore donné que je suis déjà fatigué. L'otite fulgurante importée du Québec et les piqûres d'antibiotiques administrées hier encore, dans l'urgence, n'aident probablement pas…

Cabinet du médecin, le lundi précédant la course.

Moi, le coureur au dossard 1515 : « Je pense que j'ai une otite… »

Lumière dans l'oreille.

Le docteur : « Ah oui, bon diagnostic. Une belle otite ! »

1515 : « Je cours dans quatre jours… »

Docteur : « Vous faites le Grand Raid ? Ah… Et vous pensez pouvoir prendre des antibiotiques pendant la course ? »

1515 : « Oui, j'ai déjà fait ça. »

(Triste, mais vrai.)

À ce stade de la discussion, une chance que la course à pied fait partie de la culture réunionnaise. Dans n'importe quel autre contexte, je me serais probablement fait remonter les bretelles par le médecin. Mais pas aujourd'hui.

Docteur : « J'ai bien une autre solution à vous proposer, mais ce sera plus douloureux. »

1515, plein d'espoir : « Dites toujours… »

Docteur : « Normalement, c'est réservé en cas d'échec de traitement. Trois jours, trois piqûres intramusculaires directement dans la fesse. Ça vous va ? »

1515 : « *Deal.* »

Saint-Pierre, jeudi soir, il est vingt-deux heures moins quelques minutes. Mon otite a été battue à plate couture, mais j'ai tout de même les oreilles bouchées. Dans la cohue engendrée par la présence de 2 600 coureurs et des bénévoles qui les dirigent, j'ai du mal à comprendre les consignes qui me sont données et, quand je parle, ma voix résonne horriblement dans ma boîte crânienne. Au garde-à-vous devant une table, je tends l'oreille pour bien saisir l'énumération qui m'est faite : c'est l'heure de l'inspection du matériel obligatoire. Tout y est. C'est bien, car quelques jours avant, lampes, couverture de survie et autres bandages élastiques, tout ça était en Belgique.

Comment un sac peut-il quitter Montréal pour Paris, mais finir à Bruxelles ? Les orages et les alertes à la foudre lors de l'embarquement ont peut-être semé la confusion dans l'esprit des bagagistes. Pourquoi mon bagage, une fois localisé, a-t-il mis trois jours avant de trouver le chemin de la Réunion, alors que plusieurs vols font le voyage quotidiennement ? Mes multiples appels n'ont apporté aucune explication. Tout ce que je savais, c'est que le coureur était nu.

Heureusement, un coureur n'est jamais vraiment seul. Dès la descente de l'avion, bien léger sans mes bagages, j'étais accueilli comme tous les autres participants par les organisateurs du Grand Raid qui avaient dressé une tente et offraient à boire et à manger en musique. Surtout, un Réunionnais, que je ne connaissais alors que par l'intermédiaire des réseaux sociaux, s'était déplacé jusqu'à l'aéroport pour m'aider à faire mes premiers pas sur cette île. Avec des croissants !

« Salut, Joan. C'est moi, Hassane. Ravi de faire ta connaissance ! Est-ce que je peux t'aider avec tes bagages ? »

« Ah, merci beaucoup, mais je n'ai pas de bagages. Mon sac n'est jamais arrivé à Paris… »

« Et tu as mis tout ton matériel pour la Diagonale dans ce sac ? »

« Euh… oui. »

« Pas de problème ! J'ai une boutique d'équipement pour la course à pied. On peut y aller tout de suite et je vais te donner tout ce dont tu as besoin. »

Aussitôt dit, aussitôt fait ! Quelques minutes plus tard, je n'avais peut-être pas de quoi m'habiller correctement pour aller au restaurant ni même à la plage, mais j'avais ce qu'il me fallait pour m'attaquer aux sentiers vertigineux de la Réunion. C'est ce qui s'appelle avoir les priorités à la bonne place.

Saint-Pierre, jeudi soir, il est vingt-deux heures moins quelques minutes. Le signal du départ n'a pas été donné que j'ai déjà hâte d'être arrivé. Non pas que je regrette ma présence sur la liste des participants de cette épreuve mythique, mais ma saison a été longue et exigeante. Entre ce matin de mai en Virginie et cette nuit d'octobre à la limite du tropique du Capricorne, j'ai avalé plus de 900 km lors de courses organisées. En choisissant de m'inscrire à autant d'évènements, l'objectif était de tester mes limites et, tant qu'à y être, d'avoir des hallucinations.

En récupérant mon dossard pour le Grand Raid l'autre jour, mon sixième ultra-marathon de la saison, le bilan provisoire était étrangement positif : aucun abandon, aucune blessure et toujours pas d'hallucinations ! Et ce, malgré l'enchaînement, à quelques jours d'intervalle, de mon plus long chrono, dans les Alpes, puis de ma plus longue distance, de Québec à Montréal. Un de ces records allait tomber, à condition d'atteindre le stade de la Redoute de Saint-Denis, de l'autre côté de l'île : une quarantaine d'heures environ me séparaient maintenant de mes vacances sportives.

Saint-Pierre, jeudi soir, il est vingt-deux heures moins une minute. Avec 60 secondes d'avance, les organisateurs nous propulsent en Diagonale. Je suis fatigué, convalescent, entièrement équipé (de justesse) et pressé d'en finir. Une minute plus tôt, c'est toujours ça de pris.

L'ambiance est spectaculaire. Des milliers de personnes bordent le boulevard sur lequel nous nous élançons, bruyantes. Les feux d'artifice nous poussent à accélérer encore le pas. Nous nous engouffrons rapidement dans un tunnel végétal formé de cannes à sucre et nous montons, montons, montons…

« Je peux m'étendre 5 minutes ? »

Le lit de camp installé sous la tente de ce ravitaillement m'attire irrésistiblement. Depuis déjà un moment, je cours en zigzag, luttant pour garder les yeux ouverts. Que la course ne soit commencée que depuis 4 heures m'importe peu. Je m'allonge sous une lourde couverture et je m'endors instantanément. Un quart d'heure plus tard, j'émerge sous les yeux amusés d'une bénévole.

« Je ne savais pas combien de temps tu voulais dormir. Je pensais te réveiller vers trois heures du matin. »

Je regarde ma montre. Il n'est que deux heures et quart…

« Trois heures ? C'est une excellente idée ! »

Et je retourne bien au chaud sous mes couvertures. La fin de la saison peut attendre encore un peu. Dans mon sommeil léger, j'entends des centaines de participants fouler la terre en passant près des tables tenues par les bénévoles. Indifférent à toute cette agitation, je m'enfonce dans le classement.

L'ascension continue après la sieste, puis bien après l'aube. Les noms poétiques que je côtoie m'aident un peu à m'orienter. Piton Textor, plaine des Cafres, Mare à boue. Facile, tout ça. Le nom qui m'intrigue vraiment, et qui tarde à apparaître, c'est Cilaos.

En attendant d'enfin contempler ce lieu à l'appellation si magnétique, je m'amuse à compter le nombre de coureurs que je dépasse. En effet, relativement reposé, mais en retard de plus d'une heure sur ceux d'un niveau comparable au mien, j'entame une remontée prévisible. Dix, vingt, trente, cinquante… une centaine de personnes passent à la trappe ! Tout ça entre deux ravitaillements seulement. Ça fait du bien au moral.

Et soudain, devant moi, le néant. Cilaos, 10 km de diamètre, 1 000 m de profondeur, bordé de falaises quasi verticales. Me voici en haut d'un mur, apercevant en contrebas les toits de la ville où se trouve l'un des plus gros ravitaillements de l'épreuve. En bas, c'est le chaos. Je ne parle pas de la ville, bien trop petite pour y distinguer quoi que ce soit, mais du relief. Le fond du cirque est incompréhensible : des plateaux perchés loin au-dessus des ravines, mais dominés par de petites montagnes, ou plutôt des monolithes verts qui semblent être tombés du ciel. Je dois descendre là-dedans, traverser et ressortir de l'autre côté. Je fais confiance au balisage pour trouver l'issue.

Je plonge et commence à négocier les centaines de lacets du sentier du Kerveguen. Graduellement, les maisons gagnent en détail. Je finis par localiser le stade où m'attend un sac de ravitaillement. Ma chute contrôlée se poursuit et j'arrive au niveau des maisons. La musique et les annonces des animateurs se font entendre, amplifiées par les haut-parleurs. Le sentier, par contre, ne change pas d'inclinaison et descend encore et encore. Les bâtiments disparaissent, le silence revient, tandis que je poursuis ma route jusqu'au fond de la ravine, douve naturelle isolant la ville.

Si, pour descendre en ville, je dois monter, il est maintenant évident que pour sortir du cirque de Cilaos et entrer dans celui de Mafate, il va d'abord me falloir descendre… Mon niveau de compréhension de la topographie de cet endroit ne va pas plus loin. Je chasse alors les balises rouges sans trop chercher à comprendre par où elles me font passer.

Quand arrive finalement la nuit et que les lampes frontales s'allument, ma confusion devient totale. Je vois des lumières partout. Il y en a devant moi, derrière aussi. Plus haut et également en contrebas, j'en vois d'autres. À bâbord ou à tribord, c'est pareil. Comme dans les cahiers pour enfants, j'essaie de relier les points pour dessiner la route qui me mènera au Maïdo, le point de sortie de Mafate. Mais je n'y arrive pas et ça m'énerve !

Oh, et puis je suis crevé ! J'arrive à un ravitaillement, mais je ne me dirige même pas vers les tables pour manger ou boire. Je me trouve plutôt une place sur une bâche, aux côtés de nombreux autres coureurs ne supportant pas l'idée d'une deuxième nuit blanche.

Une heure passe. Ou deux. Je ne sais pas. J'ai pourtant consulté ma montre avant de m'allonger, mais je ne me souviens pas de ce que j'y ai lu. Tout ce qui compte, c'est que je me sens un peu plus reposé. Je me lève et je décampe. Ce n'est que quelques centaines de mètres plus loin que je réalise que je n'ai même pas pensé à remplir mes gourdes ou

à prendre un morceau de pain avant de quitter le village. Ça ne m'inquiète pas, contrairement à la durée de l'effort que je vais devoir accomplir pour m'extirper de cet endroit.

Cet endroit, d'ailleurs, est un piège dans lequel je me suis engouffré sans réfléchir. C'est que le cirque de Mafate est tellement brutal qu'il n'est accessible qu'à pied ou en hélicoptère. Donc, à moins d'être gravement blessé, une fois descendu dans l'antre, la seule option est d'en sortir par ses propres moyens. L'abandon n'est plus une option. Je ne réalise tout ça que bien trop tard, alors que je suis au pied du mur du Maïdo. Un mur de 1 400 m de haut.

Le sentier est étroit, vertigineux par endroits, quelques rares fois carrément dangereux. La fatigue, que je pensais avoir refoulée, me tombe dessus à répétition. Je cherche un endroit où me coucher, mais tous les espaces qui permettent de s'allonger sans risquer de rouler dans le vide pendant mon sommeil sont occupés : les dormeurs se comptent par dizaines. C'est un peu comme chercher une place de stationnement au centre-ville un vendredi soir, version ultra-trail. Ma patience est finalement récompensée et je m'allonge sur les cailloux. Mes yeux se rouvrent 15 minutes plus tard, je me redresse aussitôt et je marche. Plus tard, plus haut, je me recouche, je dors, je repars. Je perds le compte des siestes, du temps passé à marcher ou à dormir. C'est sans importance, puisque j'avance.

Des cris m'indiquent que j'approche du but. Les filles du Maïdo n'auront plus de voix à hurler leurs encouragements comme ça toute une nuit. Quelle énergie dans ce petit groupe de femmes qui accueille les coureurs un par un, parfois par leur nom, alors qu'ils atteignent enfin l'inflexion qui verra le chemin descendre jusqu'à la mer ! C'est enfin mon tour de passer sous la haie d'honneur.

L'aube arrive en même temps que moi au sommet. Je m'arrête longuement pour admirer le cœur de l'île, dans lequel j'ai passé la nuit. Je regarde ma montre. Il m'aura fallu 14 heures pour franchir 35 km. J'en suis maintenant convaincu : Mafate, en bas, n'obéit pas à la géométrie cartésienne. Non, il y a d'autres dimensions. Du Escher à l'état sauvage.

Je lève les yeux. Au loin, j'aperçois un drôle de nuage, de l'autre côté de l'île. Il est gris dessus, rouge dessous. Le soleil est proche, mais n'a pas encore passé l'horizon, ce n'est donc pas lui le responsable de cette belle couleur. Ce que je vois, c'est plutôt la lave et la fumée de cette éruption dont j'ai entendu parler dès mon arrivée, entamée depuis presque deux mois.

Je sors de ma rêverie. Il est temps de conclure. Saint-Denis est encore loin, mais le plus difficile est derrière moi. Un petit calcul m'indique qu'il me faudra encore 10 à 12 heures pour finir cette course. Ça ne m'émeut pas. À ce stade, je suis insensible aux heures qui passent autant qu'à celles qui restent. Je suis serein.

Une fois revenu au niveau de la mer, la chaleur devient pénible. Alors qu'un crachin commence à tomber, je m'allonge sur le large sentier en herbe, les bras en croix pour profiter au maximum de cette fraîcheur tombée du ciel. Je ferme les yeux et j'attends. Quelques concurrents passent à ma hauteur, hilares… mais sans oublier de me remercier pour cette pluie providentielle que j'ai apparemment réussi à faire tomber à force de prières.

J'aurais dû prier moins fort, car la bruine devient averse et, avec elle, la boue fait son apparition. Glissante et collante, cette glu ralentit un peu ma progression vers le sommet de cette dernière butte avant le toboggan qu'est devenu le Colorado. Après ma traversée d'un univers constellé de noms comme Îlet à bourse, Roche plate ou Bras machine, disons que cette dénomination américaine détonne. Mais c'est le seul nom dont je me souvenais avant d'arriver à la Réunion. En effet, depuis des mois que cette course figure à mon calendrier, je sais que le Colorado, c'est l'ultime descente : quatre petits kilomètres avant le stade de la Redoute, où un quart de tour de piste d'athlétisme me mènera à la ligne d'arrivée.

Sur mes pieds quand c'est possible, glissant sur les fesses quand c'est plus pratique, je m'amuse comme un gamin. Après des heures à respirer de la poussière, ce bain de boue fait un bien fou.

J'entre en ville, sale et heureux.

La grille du stade, la piste qui tourne vers l'arche dressée à côté d'une tribune, ma femme et mon père qui courent les derniers mètres avec moi. C'est terminé. Comme prévu, c'est mon plus long chrono, et de loin : 42 heures et 43 minutes.

Curieusement, j'ai presque envie de me plaindre.

C'est terminé ? Déjà ? Je n'ai pas trouvé ça si long.

Facile ? Non, quand même pas.

Mais pas aussi difficile que ce que j'avais craint en analysant les magnitudes caractérisant cette épreuve. C'est malin, car maintenant, je suis condamné à essayer quelque chose de plus grand, de plus long, de plus haut. Je dois replonger dans les chiffres et les statistiques pour trouver de quoi satisfaire ma quête.

…

NUMÉROLOGIE

Ça monte, et assez raide en plus. Le problème, c'est que le sommet est invisible. Pire, il n'y a ni sentier ni carte de cet endroit. Et pour compliquer le tout, je suis le premier à gravir cette pente. Jamais personne n'est passé par là. Personne ! Je vous le jure.

Après un départ pénible, j'ai accéléré tranquillement, mais inéluctablement. Si la pente devenait plus raide, je devenais aussi plus performant. Et là, je suis tombé dans le piège qui a failli tout gâcher et me faire quitter la montagne, disparaître. Le faux sommet, le leurre, l'attrape-nigaud. Vous savez, on regarde en haut et on se dit : ça y est, je le vois, l'objectif ultime, le point le plus haut. Après ça, il n'y a plus rien à conquérir. Victoire !

Après cinq années d'ascension, j'ai planté mes drapeaux, sans même prendre le temps de contempler le paysage du haut de ma fierté mal placée. Sur le premier drapeau était écrit « 2:57:57 », sur le deuxième, « 50-Mile ». J'avais battu mon temps au marathon et couru ma plus grande distance. Sottement, j'avais oublié de me fixer un but à plus long terme à poursuivre en cas de succès.

De triomphant, je me suis donc retrouvé perdu, confronté à un plateau, une étendue morne sans point de repère, un néant à franchir sous peine de périr en tant que coureur. Abattu, j'ai rampé pour avancer, à contrecœur, sans passion. Pendant des heures. Des jours. Des mois.

Des statistiques, j'en accumule depuis mes premiers pas de course. Et les chiffres parlent. Cette longue pente qui ne

fait que monter, c'est le cumul des kilomètres parcourus jour après jour. Ce ne sont donc pas des chiffres que je vois, mais une histoire, la mienne, où les échecs du passé me narguent par leur impact visuel.

Sur cette montagne, on ne peut que monter. Si on s'arrête, c'est que le coureur en nous est mort. Je suis bien vivant, chiffres à l'appui.

Connaissez-vous les vingt-six serpents qui peuplent les pentes de la montagne infinie ? On dirait un titre de film chinois. Tous les miens sont sortis d'une boîte en carton. Certains ont ensuite grandi pour atteindre une taille impressionnante. D'autres sont presque morts dans l'œuf. Le plus petit est orange et mesurait seulement 255 km quand il a rendu l'âme. Il m'a beaucoup déçu.

Depuis presque 10 ans, de peur de me perdre dans mes paires de chaussures, je comptabilise le kilométrage de chacune, puis je dessine des serpents avec. À chaque modèle son évolution, sa place dans cet écosystème complexe, s'épanouissant autant sur bitume qu'en forêt.

Là encore, des tendances ressortent. Si, au tout début, je n'étais propriétaire que d'une paire à la fois, la situation est rapidement devenue complexe avec la cohabitation de plusieurs compagnes dans un même placard. Certaines vieilles amies trop traditionnelles se sont retrouvées abandonnées, remplacées par la petite dernière, plus légère.

Darwinisme de la godasse.

À force d'ajouter des lignes et de remplir des colonnes en tout genre, mon chiffrier électronique croule sous le poids des données. À trop fixer l'écran, c'est comme si je me retrouvais dans un épais brouillard. Tout est monochrome et uniforme. Inversement, les nuages, pourtant faits de la même matière que la brume, nous dessinent des formes que notre cerveau s'amuse à transformer en dragon ou en souris géante.

Alors, tel un savant fou, je me fabrique des nuages de points et je m'allonge dans l'herbe en regardant souffler le vent, d'abscisses en ordonnées.

Chaque point est une sortie, placé sur la grille en fonction de la distance parcourue et de la vitesse moyenne. Les courbes de couleur qui zèbrent le fond représentent un seuil, d'autant plus performant qu'il est bas. Et les lignes plus épaisses reliant les gros ronds à la base du nuage ? Eh bien, ce sont les records d'une année de course, connectés pour mieux faire ressortir ma progression au fil des ans.

Pour vous, c'est un gribouillage. Pour moi, c'est une photo de famille : mes 2 300 courses entre deux axes ! J'y vois mes progrès, mes échecs et mes records, accomplis tout au long des 30 000 km parcourus en presque 100 jours, si l'effort avait été continu.

Mais tout ça finira mal, c'est écrit dans le ciel...

Parfois, je fouille dans les entrailles de mon journal pour revivre mes anciennes vies : le coureur débutant qui progressait à chaque sortie, le coureur confirmé à la poursuite de temps symboliques, le coureur déprimé traversant le désert du sportif sans objectif, le coureur-navetteur à l'assaut du climat continental, l'ultra-marathonien qui carbure au kéfir.

Si je ne trouve pas l'histoire que je cherche, je cuisine ma soupe numérique selon une nouvelle recette, y ajoutant une bonne échelle logarithmique ou une dose de moyennes mobiles. À force de pétrir les données, de nouvelles tendances émergent, confirmant mes soupçons ou détruisant mes espoirs.

Relire le passé me permet également de m'inventer un avenir. Un nouvel objectif est probablement enfoui quelque part, attendant d'être révélé par un exercice de numérologie hautement arbitraire. Mes courses alimentent le chiffrier, certes, mais les totaux nourrissent de nouvelles poursuites.

En ce moment, mes statistiques sont aussi serviles que le miroir magique dans Blanche-Neige. L'image qui m'est renvoyée est toujours flatteuse : mes records d'hier sont ma routine d'aujourd'hui. Un jour, inévitablement, la tendance va s'inverser. Ma déchéance s'immiscera sournoisement dans les courbes soigneusement préparées et aucun artifice mathématique n'y pourra rien.

Quoi qu'il m'arrive, la montagne infinie, celle des kilomètres, sera toujours là. Tant que je le pourrai, tant que la volonté y sera, je m'obstinerai à ajouter des lignes à cette colonne de chiffres.

Il n'y a aucun autre objectif que celui d'avancer. Matin et soir. Jour après jour. Pour voir jusqu'où ma routine peut m'emmener.

Ma vie est un ultra.

* * *

Crédits photographiques :
Nous avons fait tous les efforts possibles pour indiquer correctement la source ou le détenteur des droits de chaque photo. Les Éditions de l'Homme s'excusent pour toute erreur ou omission à cet égard.
Légende : (h) haut, (b) bas, (g) gauche, (d) droite, (c) centre

Toutes les photos : © Joan Roch
À l'exception de :
Chantal Poirier, Agence QMI : p. 26-27, 254
Nacho Grez : p. 59
Ultimate XC Kmag/Yan Lassalle : p. 64, 88, 114
Alexis Berg : p. 66-67, 142, 145, 174-175, 212-213, 219, couverture (hd)
René Garneau : p. 70
Valérie Blum/Photoalpha.com : p. 74, 155, 189
André Pichette/Photoalpha.com : p. 75
Dominic Arpin : p. 77 (d)

Jogging International/Vincent Lyky: p. 82, 222 (h)
Nicolas St-Vincent: p. 97
Fabrice Gaëtan: p. 103, 116
Steve Gallow: p. 106
Gilles Chesney: p. 123 (h)
Michel St-Jean, Agence QMI: p. 152
Marc Massé: p. 159
Any Mada: p. 164
Paul Encarnación: p. 180
Jean-Marie Grange: p. 191, 194-195
Northeast Race Photo: p. 200, 202
Nancy Nutile-McMenemy: p. 203
Flash Sport: p. 209 (d), 217, 240-241, 244
xactnutrition.com: p. 226, 235
Nicolas Marchildon: p. 228-229, 230, 232

REMERCIEMENTS

Mélanie Parent-Couturier, Aurélie Roch, Maël Roch, Aimée Roch, Denis Roch, Solange Roch, Jocelyne Parent, Réal Couturier, Hubert Nougaret, Véronique Nougaret, Jean-Pierre Parent, Yves Normandin, Céline Sunderland, Jocelyne Mallet-Parent

Éric Alvarez, Dominic Arpin, Estelle Barré, Benoît Beaupré, Gabriel Béland, François Belleville, Alexis Berg, Frédéric Berg, Lucile Besson, Valérie Blum, Guy Boisclair, Geneviève Boivin, Grégory Borelli, Florent Bouguin, Xavier Boulanger, Steven Boulet, Éric Breton, Pascal Brisard, Jean-Philippe Buhot, François Caletta, Michel Caron, Sébastien Chaigneau, Véronique Champagne, Thibault Chesney, Robert Chicaud, Aurélie Cléret-Buhot, Lawrence Colsell, Sébastien Côté, Thibaut Crochon, Michel Cusson, Daniel Des Rosiers, Jean-François Desaulniers, Geneviève Desautels, Blaise Dubois, Guillaume Dupuis, Eric Frangulian, Fabrice Gaëtan, Frédéric Giguère, Marcel Godbille, Patrice Godin, Jeff Gosselin, Jean-Marie Grange, Widy Grégo, Christiane Grégoire, Jean-François Guérin, Vincent Guerrier, Félix Guèvremont, Jackye Guillard, Jean-François Harvey, Clara Hughes, Olivier Jacqueau, Laurent Jugant, Scott Jurek, Noémi Labelle, Jean Lajoie, Julie Laperrière, Andréanne Lebœuf, Pierre Lequient, Daniel Lequin, Vincent Lyky, Julie Maillette, Nicolas Marchildon, Marc Massé, Stephen Matthews, Christian Merciari, Pascale Mongeon, Francine Morin, Stéphane Mousseau, Hassane Onian, Florent Paillas, Marie-Pier Paquette, Rachel Paquette, Martin Petit, André Pichette, Peter Pigeon, Gilles Poulin, Marianne Regnault, Nathalie Rivard, Vincent Robert, Martin Rouillard, Annie Spencer, Caroline St-Hilaire, Sébastien St-Hilaire, Nicolas St-Vincent, Serge Valgrésy, Éric Vidal

Cet ouvrage a été achevé d'imprimer sur les presses de
Imprimerie Transcontinental, Beauceville, Canada